PASCAL

COLEÇÃO
FIGURAS DO SABER
dirigida por
Richard Zrehen

Títulos publicados
1. *Kierkegaard*, de Charles Le Blanc
2. *Nietzsche*, de Richard Beardsworth
3. *Deleuze*, de Alberto Gualandi
4. *Maimônides*, de Gérard Haddad
5. *Espinosa*, de André Scala
6. *Foucault*, de Pierre Billouet
7. *Darwin*, de Charles Lenay
8. *Wittgenstein*, de François Schmitz
9. *Kant*, de Denis Thouard
10. *Locke*, de Alexis Tadié
11. *D'Alembert*, de Michel Paty
12. *Hegel*, de Benoît Timmermans
13. *Lacan*, de Alain Vanier
14. *Flávio Josefo*, de Denis Lamour
15. *Averróis*, de Ali Benmakhlouf.
16. *Husserl*, de Jean-Michel Salanskis
17. *Os estóicos I*, de Frédérique Ildefonse
18. *Freud*, de Patrick Landman
19. *Lyotard*, de Alberto Gualandi
20. *Pascal*, de Francesco Paolo Adorno
21. *Comte*, de Laurent Fédi
22. *Einstein*, de Michel Paty

PASCAL
FRANCESCO PAOLO ADORNO

Tradução
MÁRIO LARANJEIRA

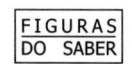

Estação Liberdade

FIGURAS DO SABER

Título original francês: *Pascal*
© Societé d'Édition Les Belles Lettres, 2000
© Editora Estação Liberdade, 2008, para esta tradução

Preparação de texto e revisão	Tulio Kawata
Projeto gráfico	Edilberto Fernando Verza
Composição	Nobuca Rachi
Capa	Natanael Longo de Oliveira
Editor-adjunto	Heitor Ferraz
Editor responsável	Angel Bojadsen

CIP-BRASIL. CATALOGAÇÃO-NA-FONTE
Sindicato Nacional dos Editores de Livros, RJ.

A186p

    Adorno, Francesco Paolo
    Pascal/ Francesco Paolo Adorno; tradução de Mário Laranjeira. – São Paulo : Estação Liberdade, 2008
    160p. – (Figuras do saber ; 20)

    Tradução de: Pascal
    Inclui bibliografia
    ISBN 978-85-7448-134-0

    1. Pascal, Blaise, 1623-1662. 2. Filosofia francesa. 3. Ciência - História. 4. Filosofia - História. 5. Apologética. I. Título. II. Série.

07-4071.   CDD 194
                                                                   CDU 1(44)

Todos os direitos reservados à
Editora Estação Liberdade Ltda.
Rua Dona Elisa, 116 | 01155-030 | São Paulo – SP
Tel.: (11) 3661-2881 | Fax: (11) 3825-4239
http://www.estacaoliberdade.com.br

Sumário

Referências cronológicas   9

Introdução   13
1. As edições dos Pensamentos   15
2. A vida dupla de Blaise   18
3. Verdades da fé, verdades da razão   21

1. A antropologia pascaliana   33
   1. A natureza do homem antes do pecado   39
   2. A natureza do homem após o pecado   41
   3. Caridade e concupiscência   42
   4. Quem move a alma?   46
   5. Os móveis da ação   48
   6. O poder da vontade   51
   7. O coração que crê e que deseja   53
   8. A razão corrompida   56

2. Os estratos da natureza e o pluralismo metodológico   63
   1. Pascal e Descartes   64
   2. A controvérsia sobre o vácuo   72
   3. A necessidade do método   76
   4. Opor sem conciliar: o método antitético   86
   5. A dialética moral   89
   6. Ordenar o conhecimento:
      a pesquisa do ponto fixo   93

7. A hermenêutica da natureza	102
8. Quem interpreta?	107
9. As três ordens	112
10. Conclusão	115
3. O pensamento político de Pascal	117
1. Os signos da política	117
2. Políticas da interpretação	124
3. A educação do príncipe	128
4. Justiça e tirania	130
5. Estado e Igreja	133
Conclusão	141
Bibliografia	149

Referências cronológicas

1623   Nascimento de Blaise Pascal, a 19 de junho, em Clermont-en-Auvergne.

1625   Mersenne publica a *Vérité des sciences contre les Sceptiques et les Pyrroniens* [Verdade das ciências contra os céticos e os pirrônicos].

1626   Morte de Antoinette Begon, mãe de Pascal.

1632   Nascimento de Espinosa.

1635-36 Pascal começa a freqüentar as reuniões da Academia do padre Mersenne.

1640   Publicação do *Essay sur les coniques* [Ensaio sobre as cônicas].

1641   Descartes publica as *Meditações metafísicas*.

1645   Pascal finaliza a máquina aritmética.

1646   Sob a influência de um discípulo do abade de Saint Cyran, Guillebert, toda a família Pascal se converte em janeiro a uma religiosidade mais fervorosa. Nascimento de Leibniz, a 1º de julho. Em outubro, Blaise, seu pai Étienne e o físico P. Petit realizam, pela primeira vez na França, a experiência de Torricelli.

1647   Na primavera, primeira doença grave de Pascal. Nos dias 23 e 24 de setembro, Descartes faz uma visita a Pascal, que ainda estava enfraquecido pela doença. Em outubro, publicação das

	Novas experiências relacionadas com o vácuo, e troca cartas com o padre Etienne Noël.
1648	Em 19 de setembro, experiência do Puy de Dôme, efetuada segundo as instruções de Pascal, por seu sobrinho Florin Périer.
1651	Hobbes publica o *Leviatã*.
1651	Na primavera, redação (que permaneceu inacabada) do *Tratado do vácuo*; só nos resta o prefácio.
1651	Morte, a 24 de setembro, de Étienne Pascal.
1651	Carta do dia 17 de outubro a sua irmã Gilberte sobre a morte do pai, primeiro texto teológico de Pascal.
1654	Redação, de janeiro a junho, dos *Tratados do equilíbrio dos líquidos e do peso da massa de ar*. Em novembro, Pascal, tomado de grande fervor religioso, compõe, durante a noite do dia 23, o *Memorial*, que marca sua segunda conversão.
1655	Pascal retira-se a Port-Royal de 7 a 28 de janeiro. Durante esse retiro compõe, ao que parece, o opúsculo que servirá a Fontaine para redigir o texto do *Conversa com o Sr. de Sacy*. Outono de 1655: período provável de composição do opúsculo *Do espírito geométrico*.

Fim de 1655-início de 1656:
Pascal redige os *Escritos sobre a graça*.

1656	Milagre do Santo Espinho, a 24 de março. Uma sobrinha de Pascal é curada de uma fístula lacrimal depois de ter tocado num espinho da coroa de Jesus Cristo. Esse milagre teve grande importância tanto para o futuro mosteiro de Port-Royal como para a reflexão de Pascal sobre a religião.

1658   Conferência de Port-Royal (provavelmente em maio) que serve de base à *Apologia* que Pascal nunca completará.

1658   Concurso sobre a roleta, lançado em junho, encerrado em novembro: o prêmio não foi atribuído.

Fim de 1658-início de 1659:
Pascal redige tratados sobre a roleta e um conjunto de obras que representam os primeiros escritos sobre o cálculo infinitesimal.

1660   A partir de setembro, Pascal trabalha mais intensamente no projeto da *Apologia*: seu estado de saúde não permite que dedique o tempo todo a ele.

1662   Em 18 de março, o primeiro projeto de transporte público urbano, concebido por Pascal e pelo duque de Roannez (1627-96), é incrementado; as "carruagens a cinco centavos" começam a circular. Morte de Pascal a 18 de agosto.

Introdução

Blaise Pascal, matemático, geômetra e físico, em quem muitos vêem o precursor da ciência contemporânea, defensor do catolicismo e inimigo dos jesuítas, polemista mordaz tentado pela reclusão voluntária, fica muitas vezes obscurecido pela lenda. Precoce e inspirado, dotado para os jogos do espírito, seus eloqüentes dilaceramentos de consciência e sua morte prematura logo o transformaram num herói romântico por antecipação. Por trás das imagens encontram-se textos onde se desenvolvem, o que vamos tentar mostrar, toda a complexidade de sua invenção teórica em antropologia, em epistemologia e em política. Esses textos nem sempre são de fácil acesso, e por razões que não estão ligadas apenas ao conteúdo.

A forma impressa que os nossos livros tomam e sob a qual chegam às nossas mesas ou às nossas bibliotecas esconde o percurso que os conduziu até nós. Em geral, um livro é pensado e produzido por seu autor a partir de e na forma que toma no fim do processo de produção. Tal é o caso das obras que adotam a forma do discurso encadeando os argumentos segundo as regras institucionalizadas da lógica e da retórica. Tal é também o caso dos textos pensados na descontinuidade, como as coletâneas de aforismos ou de máximas, por exemplo, os livros de Nietzsche ou de La Rochefoucauld. Sua apresentação fragmentária traduz de fato uma escolha do autor que, por razões teóricas, lógicas, retóricas, históricas – razões a que a crítica atual é muito sensível[1] –, ou apenas por conveniência, adotou essa forma de preferência àquela mais tradicional de um discurso contínuo e encadeado. Mas nem todas as obras fragmentárias devem sua forma a uma vontade explícita do autor. Muitas vezes, descobrem-se, entre os papéis de um filósofo ou de um escritor, esboços de um livro que ele não teve tempo de terminar e a que faltam algumas explanações internas, a conclusão – ou que, mais simplesmente, não recebeu o *imprimatur* do autor. A edição e a publicação de tal texto podem suscitar vários problemas de ordem ética ou jurídica, mas este se encontra num estado de elaboração bastante avançado para que os obstáculos técnicos à sua publicação possam ser superados sem grande dificuldade. Com a mesma freqüência, apresenta-se o caso de um livro que permaneceu num estado de elaboração tão embrionário que é difícil dizer o que o autor teria feito se tivesse tido a possibilidade de terminá-lo. Sua edição comporta, como é fácil imaginar, problemas quase insolúveis.

Os escritos de Pascal comportam estes três casos. Entre esses escritos existem obras que foram publicadas durante a sua vida, como *Les Provinciales* [As provinciais]; obras que foram publicadas depois de sua morte, mas cujo estado de elaboração não levantava problemas muito complexos, pois sua redação estava praticamente terminada, como os *Traités de l'équilibre des liqueurs et de la pesanteur de la masse de l'air* [Tratados sobre o equilíbrio dos líquidos e sobre o peso da massa de ar], ou ainda o *Traité du triangle arithmétique* [Tratado do triângulo aritmético], publicados em 1663 e em 1665. Depois há o caso de *Pensées*

---

1. Cf. M. Blanchot, *L'Entretien infini*, Paris, Gallimard, 1969 [Ed. bras.: *A conversa infinita*, trad. Aurélio Guerra Neto, São Paulo, Escuta, 2001], inteiramente dedicado à interrogação da escrita fragmentária.

[Pensamentos], conjunto heteróclito de fragmentos que, nas intenções de Pascal, deviam constituir uma *Apologie de la religion chrétienne* [Apologia da religião cristã], que ele não teve tempo de terminar. A história dos *Pensamentos* e de suas edições sucessivas é tão longa e confusa que vale a pena deter-se um pouco sobre ela e lembrar as suas etapas principais a partir da morte de Pascal. Tanto mais que a motivação das modalidades de classificação dos fragmentos concerne em primeiríssimo lugar à própria interpretação dos *Pensamentos*.

1. As edições dos Pensamentos

Em meio às suas notas, os familiares de Pascal encontraram pedaços de papel nos quais Pascal havia escrito "as primeiras expressões de seus pensamentos" à medida que lhe vinham à mente. Étienne Périer, sobrinho de Pascal e primeiro editor dos *Pensamentos*, explicou com bastante precisão em que estado se encontravam esses fragmentos, de que temos, aliás, o manuscrito original.[2] Os pedaços de papel nos quais Pascal escrevia as suas reflexões estavam "todos juntos, em diversos maços, mas sem nenhuma ordem ou seqüência, [...] E tudo isso estava tão imperfeito e tão mal escrito que se teve as maiores dificuldades para decifrá-los".[3] Pascal havia começado, pois, uma classificação dos

---

2. Étienne Périer é autor do prefácio que abre a edição dos *Pensamentos* de 1670. Esse prefácio entrou no lugar de um texto escrito por Filleau de la Chaise que resume o conteúdo da conferência que Pascal teria pronunciado em Port-Royal e cuja *Apologia* deveria ter reproduzido o esquema, texto recusado pela comissão de editores e publicado somente em 1672. Cf. Filleau de la Chaise, *Discours sur les* Pensées *de M. Pascal* [Discurso sobre os *Pensamentos* do sr. Pascal], (1672), editado por V. Giroud, Paris, Bossard, 1922. Sobre as edições dos *Pensamentos* preparadas em Port-Royal, cf. J. Mesnard, "Les Éditions de Port-Royal", in *Chroniques de Port-Royal*, nº 20-1, p. 66-82.
3. E. Périer, "Préface de l'édition de Port-Royal", in *Œuvres complètes*, ed. Lafuma, Paris, Seuil, p. 498a.

fragmentos em maços, espécies de dossiês constituídos de folhas presas no canto superior e no canto inferior. Ora, entre esses dossiês, havia alguns, exatamente 27, que possuíam também um título (são os maços indicados em todas as edições em algarismos arábicos), e outra parte, composta de 34 dossiês (que as mesmas edições indicam com algarismos romanos) que não o tinham. Os familiares de Pascal mandaram fazer uma cópia que reproduzia a mesma ordem em que haviam encontrado esses pedaços de papel. Na realidade, as cópias que possuímos são duas. Uma, chamada Primeira Cópia, que propõe que os maços com os títulos venham antes e depois aqueles sem título. A Segunda Cópia, em contrapartida, organiza os maços de modo diferente, pois seguem esta ordem: I, 1-27, XXXV, XXXII-XXXIV, XXIII-XXXI, XXI-XXII, XX, II-XIX.

A partir desses três textos – o original, a Primeira Cópia e a Segunda Cópia – apresentam-se três opções de publicação que conduziram as edições que se seguiram desde 1670. A primeira possibilidade quanto à publicação desses fragmentos, considerada pela primeira comissão de editores, "era mandá-los imprimir imediatamente no mesmo estado em que foram encontrados",[4] quer dizer, reproduzir a totalidade dos fragmentos na ordem em que se encontravam nos maços, mas ela foi afastada por razões diversas. É a essa opção que se filiam a edição de Louis Lafuma, que segue a ordem dos maços apresentada na Primeira Cópia, e a edição de Philippe Sellier, que segue a ordem da Segunda Cópia. A segunda possibilidade é uma edição subjetiva, que consiste em classificar todos os pedaços de papel segundo uma ordem estabelecida pelo próprio editor, como fez Léon Brunschvicg. Uma terceira possibilidade consiste na tentativa de reconstituir o discurso de Pascal a partir dos fragmentos de que dispomos, com a finalidade mais ou menos

4. Ibidem.

explicitada de substituir o autor, adivinhando o que ele teria feito se tivesse podido continuar o seu trabalho, e é a escolha feita por Prosper Faugère. Mais recentemente, Emmanuel Martineau reconstruiu, não a *Apologia,* mas os discursos que esses fragmentos cortados constituíam. Em sua hipótese de leitura, os fragmentos eram, na origem, discursos escritos em grandes folhas que Pascal utilizava habitualmente: são justamente esses discursos que Martineau se propôs reconstituir em sua edição.

Para resumir, dispomos de cinco tipos de edição que seguem, na verdade, quatro princípios diferentes: a edição de Prosper Faugère, que tentou adivinhar a *Apologia* de Pascal a partir dos fragmentos de que dispunha; a de L. Lafuma e Ph. Sellier, que conservaram a ordem original dos maços, baseando-se o primeiro na Primeira Cópia e o segundo na Segunda Cópia; a de L. Brunschvicg, que classificou os fragmentos segundo uma ordem subjetiva; enfim, a de E. Martineau, que tentou reconstituir os discursos a partir dos quais Pascal recortou os seus fragmentos.[5] Esta última opção pode suscitar certa perplexidade quanto ao seu valor de esclarecimento e à sua capacidade de atingir o objetivo; ela é, entretanto, interessante na medida em que nos dá uma idéia parcial do estado inicial do projeto apologético. Além disso, essa opção põe o seu editor em situação de escolher, entre os fragmentos, aqueles que eram destinados a entrar na *Apologia* e

---

5. *Œuvres complètes,* edição de L. Lafuma, Paris, Seuil, col. L'Intégral, 1963, que reproduz com algumas variações a edição de 1951 de *Pensées sur la religion et sur quelques autres sujets* [Pensamentos sobre a religião e sobre alguns outros assuntos], Paris, Ed. du Luxembourg; *Pensées. Nouvelle édition établie pour la première foi d'après la Copie de référence de Gilberte Pascal,* edição de Ph. Sellier, Paris, Garnier, col. Les Classiques, (1976), nova edição, 1999; *Opuscules et Pensées,* edição de L. Brunschvicg, Paris, Hachette, 1897, várias reedições; *Discours sur la religion et sur quelques autres sujets,* edição de E. Martineau, Paris, Colin et Fayard, 1992. Para outras edições dos *Pensamentos* e das obras de Pascal, ver bibliografia no final deste volume.

os que deviam ser excluídos dela, estabelecendo uma ordem bem útil e legítima entre todos esses pensamentos díspares. Com efeito, entre os fragmentos que encontramos publicados nas edições dos *Pensamentos,* há rascunhos de cartas, notas preparatórias para as *Provinciais* e para os *Escritos dos curas de Paris,* citações bíblicas destinadas a outros projetos, etc.

2. A vida dupla de Blaise

A obra de Pascal, que, é claro, não se reduz apenas aos *Pensamentos*, está tão intimamente ligada à sua vida que até um dialético materialista como L. Goldmann reconhece que, apesar do caráter parcial desse procedimento, é necessário e proveitoso deter-se sobre as relações entre a vida de Pascal e sua obra.[6]

Sobre esse assunto, limitamo-nos a lembrar alguns dados fundamentais sem ter a pretensão de escrever a biografia de Pascal.[7]

Muito bem dotado para a geometria e a aritmética, ainda muito jovem Pascal fez-se notar no círculo de cientistas que o seu pai freqüentava – a Academia do Padre Mersenne (1588-1648) –, publicando o *Ensaio sobre as*

---

6. "Assim a tentativa de ultrapassar o texto escrito pela integração à biografia de seu autor se revela difícil e seus resultados parecem incertos." Todavia, a posição de Goldmann é muito mais complexa e faz da análise da relação vida-obra a alavanca de uma interpretação que ultrapassa amplamente o quadro biográfico. Cf. L. Goldmann, *Le Dieu caché*, Paris, Gallimard, 1959, p. 13-32 e p. 97-115.
7. O que já foi feito por sua irmã Gilberte, mas, em vista da dimensão hagiográfica que caracteriza essa biografia, não se pode utilizá-la sem precauções. Por outro lado, em sua edição, J. Mesnard dá no primeiro volume todos os documentos disponíveis sobre Pascal e, nos volumes seguintes, introduz cada texto de Pascal com preciosíssimas informações temáticas e bibliográficas; cf. *Œuvres complètes*, texto estabelecido, apresentado e anotado por J. Mesnard, 4 vol. publicados, Paris, Desclée de Brouwer, 1964 (doravante citado pela sigla OC seguida do número do volume em algarismos romanos e da página em algarismos arábicos).

cônicas e inventando, em 1642-43, a máquina aritmética. Essa atividade científica o acompanhará por toda a vida, mesmo durante os momentos de maior fervor religioso. Em Ruão, aonde o pai foi enviado em missão por Richelieu, em janeiro de 1646, dá-se a primeira conversão de Blaise e de toda a família, sob a influência de Guillebert, discípulo de Jean Duvergier de Hauranne, abade de Saint-Cyran. Há que se dar ao termo *conversão* o sentido que possuía na época, isto é, passagem de uma prática religiosa rotineira a uma vida religiosa mais fervorosa. Ao voltar de Paris, em 1647, a freqüência a Port-Royal, em companhia da irmã Jacqueline, sugeriu-lhe a possibilidade de ajudar os discípulos de Jansênio nas controvérsias que a publicação do *Augustinus* (1640) havia ocasionado.[8] Paralelamente, continua a atividade de cientista e publica, em 1647, *Novas experiências relativas ao vácuo*, que foram a origem da controvérsia com o padre Étienne Noël (1581-1660). Em 1648, a experiência do outeiro de Dôme sobre o equilíbrio dos "líquidos" vem corroborar a sua teoria sobre o vácuo. No dia 24 de setembro de 1651, falece Étienne Pascal, seu pai. Nessa ocasião, escreve à sua irmã Gilberte uma *Carta sobre a morte de seu pai,* que pode ser considerada o seu primeiro escrito teológico. Na primeira parte de 1654, Pascal completa a redação dos *Tratados do equilíbrio dos líquidos e do peso da massa do ar* e começa – com a ajuda da correspondência com o matemático tolosano Fermat – as pesquisas sobre o cálculo das possibilidades, que conduzirão à redação do *Tratado do triângulo aritmético*.

Na noite de 23 de novembro de 1654, Pascal, sob o impulso de uma forte emoção religiosa, escreve o *Memorial,*

---

8. Jansênio (1585-1638), bispo de Ypres, grande leitor de santo Agostinho, condenado pela Igreja por ter recusado distinguir entre a graça *suficiente* (que dispõe o homem a agir) e a graça *eficaz* (que faz o homem agir), convencido de que a graça não tinha nada a ver com a eficácia da ação: ele acreditava na predestinação, não na liberdade do sujeito.

que marca a sua segunda conversão e o leva a fazer um retiro de várias semanas em Port-Royal. Em 1655, compõe os dois opúsculos sobre o *Espírito da geometria* e a *Arte de persuadir*. A partir do fim desse ano, a sua atividade de controversista religioso intensifica-se: redige os *Escritos sobre a graça* e começa a escrever as *Provinciais*, que serão publicadas de janeiro de 1656 (a primeira provincial) a maio de 1657 (a 18ª e última). Entrementes, a 24 de maio de 1656, o milagre do Santo Espinho (sua sobrinha Marguerite Périer, pensionista em Port-Royal, será curada de uma fístula lacrimal depois de ter tocado num espinho da coroa do Cristo), leva-o a refletir sobre o sentido dos milagres e a considerar a possibilidade de redigir uma *Apologia da religião cristã*. A conferência em que, ao que parece, Pascal apresenta o projeto de sua obra apologética pode ser datada da primavera de 1658 (mais precisamente de maio), época em que muitos fragmentos considerados componentes da *Apologia* já estavam redigidos.

Mais ou menos na mesma época, escreve o *Quinto escrito dos curas de Paris* e lança, ao mesmo tempo, o concurso sobre a roleta, também chamada ciclóide, convidando todos os cientistas a descobrir as propriedades dessa curva.[9] Entre meados de 1661 e o início de 1662, a comunidade de Port-Royal, de que Pascal faz parte, é agitada por controvérsias sobre a assinatura do formulário.[10] Blaise, apoiado por seus amigos Jean Domat (1625-96) e o duque de Roannez, opõe-se a Antoine Arnauld (chamado o "Grande Arnauld", 1612-94) e Pierre

---

9. A ciclóide é a curva "descrita por um prego fixado na camba de uma roda de carroça em marcha ou, em termos mais rigorosos, um ponto da circunferência de um círculo que roda sem deslizar sobre uma reta", OC, IV, p. 150. J. Mesnard também precisa a questão teórica que a solução do problema levantou no século XVII: cf. OC, IV, p. 147-287.
10. Em janeiro de 1655, uma assembléia de bispos havia imposto a assinatura de uma declaração que condenava explicitamente a doutrina de Jansênio. Cf. Louis Cognet, *Le Jansénisme*, Paris, PUF, 1995.

Nicole (1625-95), por demais reservados e tímidos na defesa de Jansênio. No dia 18 de março de 1662, alguns meses apenas antes de sua morte, a 19 de agosto de 1662, inaugura-se a primeira linha de transportes urbanos (as carruagens de cinco andares), de que ele havia sido o iniciador com o duque de Roannez.

3. *Verdades da fé, verdades da razão*

Ao ler estas poucas notas sobre a vida de Pascal, não se pode deixar de ficar chocado com uma aparente contradição. Embora o fervor de Port-Royal exija que o interesse votado à religião seja absoluto, com exclusão de qualquer outro, e que, em conseqüência, ele limite as atividades sem ligação direta com ela – o que Pascal parece ter aceitado sem reservas –, sua atividade de apologista e de controversista a serviço de Port-Royal e da "verdadeira religião" muitas vezes se cruza com a sua atividade de cientista. Mesmo no momento da redação dos fragmentos que deviam compor a *Apologia da religião cristã,* ele se dedica à geometria, a tal ponto que lança o concurso sobre a roleta, o que devia parecer verdadeiramente escandaloso e principalmente contraditório em Port-Royal. Porque isso queria dizer desviar a vontade da única coisa importante nesta vida, o amor de Deus, e, além disso, adular o amor-próprio dos homens por um arrebatamento indevido de seu intelecto. Essa contradição, tentaremos mostrá-lo, não é verdadeira.

Não sabendo o que fazer dessa coexistência, à primeira vista "contra a doutrina", de um interesse igual de Pascal pela ciência e pela religião, as almas piedosas como Gilberte vão querer disfarçá-la ou silenciá-la.[11] Ter-lhes-á

---

11. Por exemplo, segundo Gilberte, é por causa de uma violenta dor de dentes que Pascal se lançou no concurso sobre a roleta: "Essa renovação

faltado, a nosso ver, uma articulação: ciência e religião são de fato, para Pascal, dois domínios radicalmente diferentes – no interior de cada um, é uma faculdade específica, aqui a razão, ali a fé, operando legitimamente que impõe o procedimento e o seu regime de verdade –, mas estão hierarquizadas: as verdades da razão estão subordinadas às da fé.

Assim, no prefácio ao *Tratado do vácuo*, Pascal distingue dois planos de verdade[12], ou dois tipos de verdades: o primeiro é aquele em que buscamos saber "o que os autores escreveram", e o segundo, que depende "apenas do raciocínio", é "inteiramente dogmático, tendo por objeto buscar e descobrir as verdades escondidas". As verdades do primeiro gênero são as que dizem respeito, por exemplo, à história, à geografia, à jurisprudência, e, nesses domínios, "só a autoridade pode esclarecer-nos". Mas a autoridade tem mais força ainda nas verdades da teologia:

> porque aí ela é inseparável da verdade, e não a conhecemos senão por ela: de maneira que, para obter a inteira certeza nas matérias mais incompreensíveis à razão, basta mostrá-las nos livros sagrados, assim como, para mostrar a incerteza das coisas mais verossímeis, é preciso apenas fazer ver que elas não estão aí incluídas. (OC, II, p. 778)

As verdades do segundo tipo são aquelas que concernem aos sentidos e à razão; aqui

---

de seus males começou com uma dor de dentes que lhe tirava absolutamente o sono. Nessas grandes vigílias, veio-lhe à mente, uma noite, sem intenção, algum pensamento sobre a proposição da roleta." Existe uma segunda versão ligeiramente diferente desse "testemunho": cf. Gilberte Périer, *Vie de Monsieur Pascal*, in OC, I, p. 585 e p. 623.

12. Essa distinção é operada por Jansênio em *Liber prœmialis* do livro II do *Augustinus*, mas constitui quase um lugar-comum da filosofia do século XVII; cf. OC, II, p. 774-5.

a autoridade é inútil; só a razão tem capacidade para conhecê-las. Razão e autoridade têm os seus direitos separados: uma tinha há pouco toda a vantagem; aqui a outra reina por sua vez. Mas, como os assuntos desta espécie [os referentes à razão] são proporcionais ao alcance da mente, ela encontra uma liberdade total de aí se estender. (OC, II, p. 779)

Na carta ao padre Noël, Pascal é ainda mais preciso, pois não se limita a postular uma diferença entre domínios, mas estabelece princípios metodológicos que servem para distinguir as verdades da razão das verdades da teologia. Se, de fato, neste último domínio, a autoridade pode servir para discernir o verdadeiro do falso[13], existe, entretanto, "uma regra universal que se aplica a todos os assuntos particulares, quando se trata de reconhecer a verdade" (OC, II, p. 519). Ora, essa regra consiste na suspensão do julgamento sobre a verdade de uma proposição se ela não preencher duas condições: a primeira condição é que esse julgamento deve mostrar-se claramente aos sentidos ou à razão, "segundo seja submetido a uns ou à outra, que a mente não tenha nenhum meio de duvidar de sua certeza, e é o que chamamos de princípios ou axiomas". A segunda condição consiste na possibilidade de deduzir "por conseqüências infalíveis e necessárias tais princípios ou axiomas, de cuja certeza depende a das conseqüências que deles são deduzidas; como essa proposição, os três ângulos de um triângulo são iguais a dois ângulos retos, que, não sendo visível por si mesma, é demonstrada evidentemente por conseqüências

---

13. Y. Ch. Zarka chamou a atenção para as semelhanças existentes a esse respeito entre Pascal e o franciscano Robert Bacon (1214-94), comentador de Aristóteles, considerado um dos maiores representantes da ciência experimental de seu tempo: Cf. *Philosophies et politiques à l'âge classique*, Paris, PUF, 1998, p. 71-2.

infalíveis de tais axiomas" (OC, II, p. 519). Todas as proposições que não satisfazem esses dois princípios não passam de coisas duvidosas e incertas que devem ser rejeitadas como *visões, capricho, fantasia* ou ainda *belos pensamentos*. Mas elas podem também ser mistérios da fé "que o próprio Espírito Santo revelou" e às quais devemos reservar "aquela submissão de espírito que leva a nossa crença a mistérios escondidos aos sentidos e à razão" (ibidem).

A subordinação da razão à fé pode ser deduzida da doutrina das três ordens que adiante analisaremos com detalhes. Por enquanto, basta dizer que, em razão da desproporção entre a ordem dos espíritos e a ordem da caridade ("A distância infinita entre os corpos e os espíritos figura a distância infinitamente mais infinita entre os espíritos e a caridade, pois esta é sobrenatural", L308), essa doutrina foi interpretada como o sinal da "superação" da metafísica (precisamente a de Descartes) por Pascal e, pois, como o reconhecimento de um domínio alético tão heterogêneo ao da razão que decreta a sua parcialidade e sua insuficiência e, por isso mesmo, a necessidade de sua superação.[14] Outro ponto a favor dessa hipótese consiste na recusa das provas da existência de Deus. Pascal não se serve delas, segundo os seus críticos, porque não acredita que a razão tenha qualquer coisa a dizer a respeito da fé. Onde só o amor pode fazer entrar e constituir uma faculdade de reconhecimento, o uso da razão é totalmente inútil: ainda que se tivesse adquirido um reconhecimento da existência de Deus, isso não seria de nenhuma utilidade no plano da crença, que é um caso de amor e de desejo (cf. L190, L449, L463, L781).

---

14. É a tese de J.-L. Marion. *Sur le prisme métaphysique de Descartes*, Paris, PUF, 1986, p. 293-369, retomada por V. Carraud, *Pascal et la philosophie*, Paris, PUF, 1992. Muito crítico é H. Bouchilloux, *Apologie et raison dans les* Pensées *de Pascal*, Paris, Klincksieck, 1995.

Não podendo discutir essas questões de maneira satisfatória, o que demandaria longas explanações sobre o sentido da filosofia, sobre a definição do conceito de metafísica, sobre as relações entre filosofia e metafísica, e de modo mais geral sobre as interpretações de Pascal e seus embasamentos ideológicos, limitar-nos-emos, por enquanto, a considerações bem gerais sobre o tema "Pascal e a filosofia".[15] Pois a motivação do problema da multiplicidade dos planos em que a atividade de Pascal se desfralda consiste na possibilidade de reduzir a sua reflexão sob a égide unificante da filosofia ou, em contrapartida, na obrigação de consigná-la no disparate de seu ecletismo genial. Em suma, será preciso considerá-lo como um homem de fé que, para se distrair dos trabalhos apologéticos ocupava-se com problemas geométricos, ou se pode pensar que, sem constituir um sistema, suas obras fundamentam-se na reflexão que se pode qualificar de filosófica? Por certo, o âmbito em que Pascal pensa é quase sempre o de uma apologia da religião católica; por certo, a ordem da caridade é superior e incomensurável à dos espíritos; por certo, "zombar da filosofia" e criticá-la, sobretudo a de Descartes, quer dizer realmente filosofar, mas tudo isso basta para pensar que Pascal não realiza

---

15. Seria preciso já encontrar uma definição de filosofia satisfatória e principalmente a-histórica, o que está longe de ser o caso. No que concerne à metafísica, se é a partir da definição da metafísica especial de Descartes que se imputa a Pascal a sua superação, como faz Marion, por exemplo, ela tolera muitas outras definições: é, para Aristóteles, ciência dos primeiros princípios (*Metafísica*, A, 1.I, p. 3), e, para Kant, "a metafísica é, no fundo, a mesma coisa que a filosofia pura em geral: *apresentação* arquitetônica dos conhecimentos racionais *a priori*" (*Critique de la raison pure*, Paris, Flammarion, 1987, p. 627); Descartes a considera como a raiz do saber: "Assim, toda a filosofia é como uma árvore, cujas raízes são a metafísica" (*Principes de la philosophie*, Paris, Vrin, 1993, p. 42). Como se verifica, basta dar uma definição de filosofia para poder denunciar que tal ou tal outra filosofia se situa fora de seu domínio ou que opera a sua superação...

uma reflexão filosófica? Pois, se o projeto apologético se fundamenta na "submissão e no uso da razão", não conviria perguntar-se em que consiste o uso da razão preconizado por Pascal? Ele reduz-se apenas ao campo apologético e, portanto, à sua mortificação, ou está constante e positivamente presente em todas as suas obras?

A nossa hipótese é de que, de um campo a outro, vários elementos justificam ou explicam a sua presença contemporânea. De fato, quando Pascal aborda a apologia da religião, parece submetê-la ao tratamento que reserva à pesquisa científica e matemática:

> Não acuseis, pois, de falsidade aqueles que fizeram uma escolha, pois nada sabeis a respeito. Não, mas eu os criticarei por terem feito não essa escolha, mas uma escolha, pois, ainda que aquele que escolhe coroa e o outro estejam em igual erro, estão ambos em erro; o correto é não apostar.
>
> Sim, mas é necessário apostar. Isso não é voluntário, estais coagido – Por qual então optareis? Vejamos: já que é necessário escolher, vejamos o que vos interessa menos. Tendes duas coisas para perder: a verdade e o bem, e duas coisas a engajar: vossa razão e vossa vontade, vosso conhecimento e vossa beatitude, e vossa natureza duas coisas de que fugir: o erro e a miséria..., Infinito-nada. (L233)[16]

Entre esses dois campos há certo número de traços comuns. As verdades da razão não são as da fé, e elas são

---

16. Para L. Thirouin a interpretação desse fragmento sobre a aposta não pode escamotear a sua forma geométrica, o que vem a levantar a questão das relações entre geometria e apologia: cf. L. Thirouin, *Le Hasard et les règles: le modèle du jeu dans la pensée de Pascal* [O acaso e as regras: o modelo do jogo no pensamento de Pascal], Paris, Vrin, 1991, p. 130-209.

totalmente incomensuráveis; mas, entre uma e outra, existe uma relação que justifica a definição e a utilização de um método ou de uma série de métodos. Se pode haver passagens entre verdades de razão e verdades de fé, é também porque, para Pascal, nunca se trata de conhecer, mas de provar, de demonstrar a verdade de conhecimentos já adquiridos: uma tarefa que deve ser efetivada tanto no campo das verdades fenomenais quanto no das verdades divinas. Além disso, a razão e a fé têm uma fonte comum que fornece a uma os princípios primeiros da discursividade lógica e a outra os da crença. Essa fonte reside no coração, a faculdade dos princípios e do amor, sinônimo da vontade, cuja presença nos textos de Pascal engaja uma análise cerradíssima das faculdades do homem e de sua relação com o corpo.

A título de exemplo, que pedirá, é claro, que seja desenvolvido, lembramos apenas que é a propósito da possibilidade dada à razão de operar no plano das verdades de fé que Pascal conversará com M. de Rebours.[17]

Depois da primeira conversa, o fervor religioso de Pascal levou-o a buscar contato com Port-Royal, a fim de fazer-se guiar por um diretor espiritual. Sua escolha recaiu em M. de Rebours, que conhecera com o pai. Sobre as conversações com M. de Rebours, só possuímos uma carta escrita por Pascal e Jacqueline à irmã Gilberte, que se encontrava naquele momento em Ruão, na casa do pai. Depois de um primeiro contato, Pascal retorna à casa de M. de Rebours para aprofundar a relação. Mas, apesar da concordância que Pascal manifestou em relação à doutrina de Port-Royal, cujos textos todos declara ter lido, as coisas não evoluíram no sentido desejado.

---

17. É na carta de 26 de janeiro de 1648 à sua irmã Gilberte que Pascal conta as suas conversas com M. de Rebours. Particularmente esta passagem: OC, II, p. 554-5. Sobre as relações entre Pascal e M. de Rebours, cf. H. Gouthier, *Blaise Pascal: Commentaires*, Paris, Vrin, 1984, p. 109-25.

Pascal propusera os seus serviços à causa de Port-Royal. Mas, com toda a evidência, a maneira como ele se oferecia para ajudar M. de Rebours não estava em conformidade com o espírito port-royalista:

> Disse-lhe com a minha franqueza e a minha ingenuidade costumeiras que tínhamos visto os livros deles e de seus adversários; que era o bastante para fazê-lo entender que compartilhávamos as suas opiniões. Manifestou-me alguma alegria por isso. Eu disse-lhe, em seguida, que pensava que podíamos, segundo os princípios mesmos do senso comum, mostrar muitas coisas que os adversários dizem ser-lhe contrárias, e que o raciocínio bem conduzido levava a acreditar nelas, embora fosse preciso acreditar nelas sem o auxílio do raciocínio. (OC, II, p. 554-5)

M. de Rebours vê nessa proposta de utilizar a razão, o "senso comum", para demonstrar as verdades da fé, "um princípio de vaidade e de confiança no raciocínio", um pecado de orgulho, o que o leva a se refugiar na humildade e na modéstia e a pedir a Pascal que abandonasse a sua posição. Mas Pascal só vê nisso, quanto a ele, um meio excelente de utilizar as faculdades humanas no sentido contrário ao dos adversários de Port-Royal, os jesuítas: enquanto estes punham a razão acima da fé, Pascal se propunha a utilizar e submeter a razão para levar à crença.

Muito mais importantes são as modalidades segundo as quais Pascal constrói os seus trabalhos científicos: pela ampla utilização de conceitos recorrentes e pelo uso de procedimentos que ultrapassam largamente as necessidades matemáticas e físicas da demonstração, deixam grande espaço para uma interpretação que leve em conta o seu alcance simbólico. Então, tudo acontece como se, ao ir, por um lado, contra um princípio de economia demonstrativa e repetindo, por outro lado, conceitos que não são senão os simples sintomas de um problema, Pascal deixasse a porta aberta a uma interpretação de seus trabalhos científicos que podiam ultrapassar o quadro no qual, entretanto, eles nascem. O exemplo mais significativo, sob esse ponto de vista, é o da solução encontrada para o problema dos quadrados mágicos, que tem a vantagem de apresentar uma sobredeterminação simbólica de seu encadeamento demonstrativo, assim como todas as noções passíveis de ter um duplo sentido – conceitos que definem o equilíbrio, figuras de diversas ordens e de sua mediação; problemas apresentados pela transposição de uma ordem para outra, etc. – que encontraremos dispersas em suas outras análises matemáticas e geométricas.[18]

Mas, antes de desvendar o valor simbólico dos conceitos desenvolvidos em seu trabalho científico, devemos cumprir duas tarefas preliminares.

A primeira tarefa consistirá na análise da visão antropológica de Pascal. A situação do homem como pecador fundamenta todo o seu procedimento. A doutrina do pecado original diz respeito às duas faculdades maiores do homem que, segundo a teoria tradicional de Aristóteles, eram o intelecto e a vontade. Não se pode compreender a teoria do conhecimento de Pascal, suas diferentes abordagens, negligenciando as conseqüências que o pecado

---

18. *Solution d'un des plus célèbres et des plus difficiles problèmes d'arithmétique, appelé communément les carrés magiques* [Solução de um dos mais célebres e dos mais difíceis problemas de aritmética, chamado comumente de quadrados mágicos], in OC, IV, p. 1585-600. Sobre os problemas de atribuição, veja-se ibidem, p. 1585, e, para uma opinião contrária, a nosso ver mais fundamentada, J. Darriulat, *L'Arithmétique de la grâce: Pascal et les carrés* magiques [A aritmética da graça: Pascal e os quadrados mágicos], Paris, Les Belles Lettres, 1994.

original teve para o intelecto do homem; além disso, a reflexão política e moral de Pascal se desenvolve a partir de uma concepção da vontade ferida e dobrada pelo pecado de Adão.

Uma vez adquiridos esses dados fundamentais, poder-se-ão abordar os estudos científicos de Pascal de que se avaliará o alcance levando em conta limitações que ele impõe, de algum modo vindas de fora, a qualquer pesquisa científica. Pois, se as descobertas que ele realiza nas ciências – em geometria, matemáticas, física, hidrostática, etc. – têm valor científico em si mesmas e contribuem para fazer de Pascal um dos primeiros cientistas dos tempos modernos, não é menos verdade, embora isso possa parecer paradoxal, que os progressos realizados só foram possíveis na medida em que a sua reflexão era conduzida a partir dos dados teológicos que especificaremos neste livro. Foi muitas vezes frisado que as descobertas de Pascal se apóiam numa concepção da natureza, numa prática da experiência científica e num método que são revolucionários em relação à forma hegemônica que o saber tinha tomado no século XVII. Pascal não inovou apenas nas ciências particulares por que se interessou. Suas descobertas científicas repousam numa maneira de pensar a ciência e a pesquisa científica totalmente revolucionária para a época.

Para entender em que o seu modelo de pensamento era novo, convirá introduzi-lo por uma comparação entre as suas exigências metodológicas e teóricas e as de outro grande espírito científico e filosófico de sua época – Descartes, é óbvio. Essa comparação nos permitirá definir a sua epistemologia, assim como analisar as rupturas que introduziu em relação ao espírito de seu tempo. Ademais, como veremos, as diferenças entre Descartes e Pascal em relação aos problemas de método e de conhecimento colocam em jogo a própria concepção da razão e de seus poderes. Todavia, não poderemos compreender a razão desse desvio se não remontarmos ao lugar de seu enraizamento, lugar determinado por um conjunto de noções teóricas e de convicções que derivam da relação com a religião, entendida não realmente como conjunto de crenças que exigem um ato de fé – o que existe –, mas como antropologia e gnoseologia religiosas, quer dizer, como conjunto de doutrinas relacionadas ao homem, à razão e ao saber. A esse respeito, a distância entre Pascal e Descartes é enorme, e é justamente nesse *corpus* de saber que é preciso, pensamos nós, ir procurar a razão de suas diferenças quanto à maneira de conceber o homem e o conhecimento.

1
A antropologia pascaliana

No século XVII, a fundação das ciências encontra o seu ponto de partida, segundo a ordem das razões, numa análise do homem e de sua constituição, numa antropologia. É no homem que se encontram as chaves que permitem fundar um conhecimento verdadeiro e explicar como se pode atingi-lo. Da consciência de que o conhecimento pode ser alterado pelo trabalho das paixões, comum à maioria dos filósofos clássicos, decorre a necessidade de purificar o pensamento de todos os elementos provenientes do conhecimento sensível.

Entretanto, diferentemente de seus contemporâneos, Pascal não retoma o discurso sobre as paixões. Não existe na psicologia pascaliana conflito entre a alma e a razão, nem *na* alma entre as paixões – que viriam de algum modo impedir o pleno desabrochar da razão –, e na própria razão. É absolutamente impossível, para Pascal, modificar o intelecto purificando-o da influência das paixões, pois essa modificação exigiria uma perfectibilidade virtual do homem, ao passo que o pecado original lhe retirou em definitivo toda e qualquer capacidade de progresso. Na realidade, enquanto todos os seus contemporâneos pensam o homem como composto de alma e corpo, de racionalidade e de concupiscência, de um elemento positivo e de um elemento negativo, Pascal, embora retome essa dualidade, não pode mais pensá-la como presença simultânea de um princípio positivo e de um princípio negativo no homem, a respeito do qual pensa que o pecado de Adão lhe interditou definitivamente qualquer saída do "estado de menoridade" em que está mergulhado, qualquer emancipação apenas pela força de suas faculdades intelectuais.

Assim sendo, a antropologia de Pascal leva em conta duas doutrinas. O que torna difícil a sua compreensão é que esses dois estratos teóricos não se sobrepõem exatamente. O primeiro estrato é constituído pela concepção dualista do homem como ser dotado de uma alma e de um corpo, que se poderia chamar de platônica[1]; o segundo estrato é constituído pela antropologia cristã que tem sua origem em Paulo e Agostinho.

Pascal efetua duas mudanças na teoria platônica. A primeira concerne ao corpo, englobado na noção muito mais vasta de carne: ela designa o que é material e o que, em si, se opõe ao movimento de elevação para Deus. A segunda consiste na introdução de um novo elemento, o coração, que não pode ser identificado à alma platônica.[2]

---

1. Essa definição é válida sob a condição de se fundamentar bem as diferenças ou as semelhanças com o dualismo cartesiano e depois de considerada a parte do platonismo no agostinismo jansenista, o que vai muito além dos limites de nosso trabalho. Para uma primeira abordagem, cf. J.-F. Mattei, "L'Âme, l'homme et le temps chez Platon et Descartes" [A alma, o homem e o tempo em Platão e Descartes], e principalmente J.-L. Vieillard-Baron, "Saint Augustin ou la rigueur du dualisme et le mépris du corps aux sources du christianisme" [Santo Agostinho ou o rigor do dualismo e o desprezo do corpo nas fontes do cristianismo], in *Autour de Descartes: le problème de l'âme et du dualisme* [Em torno de Descartes: o problema da alma e do dualismo], sob a direção de J.-L. Vieillard-Baron, Paris, Vrin, 1991, p. 35-57 e p. 59-73.
2. A essas diferenças, que ele não menciona, P. Guénancia acrescenta a que existe entre um homem composto de alma e de corpo, como em Platão, e um homem no qual coabitam duas naturezas, como em Agostinho e Paulo, cf. P. Guénancia, *Descartes et l'ordre politique*, Paris, PUF, 1983, p. 162-3.

Para Paulo, o corpo não esgota o núcleo de resistências às tentativas de conversão à lei divina. É o conjunto da fraqueza física e do destino mortal do corpo, assim como os seus instintos, que o levam inevitavelmente rumo ao pecado. Ora, tudo isso está reunido na noção de carne: é ela que de fato resiste a Deus. O corpo não é senão o lugar de aplicação de uma lei que é outra, diferente da de Deus e da vontade humana, a qual não é capaz de fazer coincidir no corpo o seu querer e o seu poder, como Agostinho repetirá em suas *Confissões*.

A segunda mudança concerne à definição de um novo elemento da antropologia, o coração.[3] É difícil estabelecer a diferença entre alma e coração na Bíblia, assim como na tradição teológica. Para compreender qual realidade a noção de coração abrange, pode-se lembrar que, no momento da conversão, Deus age sobre o coração, tornando-o receptivo e respeitoso de sua lei:

> Eu vos darei um coração novo, porei em vós um espírito novo, retirarei de vossa carne o coração de pedra e vos darei um coração de carne. (Ezequiel, 36, 26)[4]

O coração novo é, desse modo, considerado ao mesmo tempo o receptáculo da lei divina e o lugar de irradiação

---

3. Para um "retrato" do coração que ultrapassa largamente o quadro deste trabalho, embora traga elementos para a compreensão da realidade que essa noção abrange em Pascal, cf. M. Doueihi, *Histoire perverse du cœur humain*, Paris, Seuil, 1996. [Ed. bras.: *Histórias perversas do coração humano*, trad. Marcus Penchel, Rio de Janeiro, Zahar, 1999.] Lembremos também que J. Duvergier du Hauranne, abade de Saint-Cyran, amigo de Jansênio e de P. Bérulle, havia composto um opúsculo intitulado *Du cœur nouveau* [Do coração novo] que tivera grande sucesso.
4. Cf. as análises de H. Gouhier sobre esse ponto em *Blaise Pascal: conversion et apologétique*, Paris, Vrin, 1986, p. 54-70. Há que se notar, todavia, que Gouhier não considera a vontade como sinônimo do coração. Cf. também J. Laporte, *Le cœur et la raison selon Pascal* [O coração e a razão segundo Pascal], Paris, Elzévir, 1950.

dessa lei no corpo, e, assim, subtraído à lei oposta da carne. Pode-se, então, em todo caso, considerar o coração como sinônimo da vontade que dirige o seu amor ou a Deus – e então será fonte de caridade – ou à carne – e então será fonte de concupiscência. Entretanto, como veremos, o coração é muito mais que uma faculdade volitiva, pois pode também conhecer.

No centro da doutrina agostiniana, há a noção de pecado original. O pecado original constitui o momento da mudança da natureza humana perfeita e justa, que era a de Adão antes do pecado, para a natureza humana corrompida, que será a do homem "cortado" de depois da Queda. Também nesse caso, o princípio fundamental da teologia de Agostinho será retomado ao pé da letra por Pascal:

> O pecado original é loucura diante dos homens, mas é dado como tal. Não deveis, pois, censurar-me a falta de razão nessa doutrina, pois que a proponho como sendo sem razão. Mas essa loucura é mais sábia do que toda a sabedoria dos homens, *sapientibus est hominibus*. Porque, sem isso, que se dirá que é o homem? Todo o seu estado depende desse ponto imperceptível. E como se teria ele dado conta por sua razão, visto que é uma coisa contra a razão, e que sua razão, longe de descobri-lo por suas vias, afasta-se dele quando lhe é apresentado? (L695)

Pascal fará mesmo da distinção entre "os dois estados dos homens antes e depois do pecado" – a cada um dos quais corresponde uma visão do homem – a base de seu projeto antropológico.[5] Este baseia-se, de fato, na constatação desse duplo estado da natureza do homem que se

---

5. Sobre as relações entre Pascal e santo Agostinho, cf. o livro fundamental de Ph. Sellier, *Pascal et Saint Augustin,* (Paris, Armand Colin, 1970) Paris, Albin Michel, 1995.

reflete na presença nele de sinais de um e de outro.⁶ Assim, no fragmento L149, que devia representar o plano de um discurso apologético muito próximo do que ele se propunha compor, como o seu início ressalta ("A. P. R. começo, após ter explicado a incompreensibilidade"), Pascal pode, fazendo falar a verdadeira religião, escrever que os homens não estão mais "no estado em que vos informei".

> Criei o homem santo, inocente, perfeito, enchi-o de luz e de inteligência, comuniquei-lhe a minha glória e as minhas maravilhas. O olho do homem via então as maravilhas de Deus. Não estava então nas trevas que o cegam, nem na mortalidade e nas misérias que o afligem. Mas ele não pôde sustentar tanta glória sem cair na presunção. Quis tornar-se o centro de si mesmo e independente do meu socorro.
>
> Subtraiu-se à minha dominação e, igualando-se a mim pelo desejo de encontrar a sua felicidade em si mesmo, abandonei-o a si e, revoltando as criaturas que lhe estavam submissas, tornei-as suas inimigas, de sorte que hoje o homem se tornou semelhante aos bichos, e em tal afastamento de mim que mal lhe resta uma luz confusa de seu autor, de tanto que seus conhecimentos foram apagados ou perturbados. Os sentidos independentes da razão e muitas vezes senhores da razão levaram-no à busca dos prazeres. Todas as criaturas ou o afligem ou o tentam, e o dominam ou submetendo-o pela força ou encantando-o pela doçura, o que é uma dominação mais terrível e mais injuriosa. (L149).

---

6. Sobre as diferenças entre a apologia de Pascal e a apologia tradicional, cf. Eymard d'Angers, *Pascal et ses précurseurs,* Paris, Nouvelles Editions Latines, 1954.

No homem, tal como está nesse estado pós-queda, existem qualidades que remetem à sua condição primeira e defeitos que indicam a sua atual condição miserável:

> (1) Parte. Miséria do homem sem Deus. (2) Parte. Felicidade do homem com Deus, de outro modo. (1) Parte. Que a natureza é corrompida, pela própria natureza. (2) Parte. Que há um reparador, pela Escritura. (L6, cf. L148, L449, L471, L629)

Colocando em foco essa dupla natureza do homem, a apologia deve produzir um choque na razão presa na contradição entre a grandeza e a miséria do homem, desconcertado pela co-presença de fatores incompatíveis (L131).[7]

É, pois, essa antropologia agostiniana que orquestra todos os movimentos que deviam compor a apologia pascaliana. Mas, apesar de seu caráter originariamente religioso e de seu quadro de desenvolvimento apologético, o móvel da antropologia pascaliana ultrapassa em muito uma reflexão moral sobre o homem para abranger uma ontologia e uma epistemologia. É a partir dessa antropologia que Pascal pode, por um lado, pensar os fundamentos da natureza do homem e, por outro, desenvolver as suas reflexões metodológicas. Ora, parece-nos que não se pode fazer abstração dessa reflexão teológico-psicológica, que faz a substância da apologia, caso se queira compreender em que consiste a reflexão sobre a verdade e sobre o método de Pascal: a consideração da

---

7. Sobre a organização dos fragmentos, cf. Ph. Sellier, "L'Ouverture de l'apologie pascalienne" [A abertura da apologia pascaliana] e L. Thirouin, "Les Premières liasses des Pensées: architecture et signification" [Os primeiros maços dos *Pensamentos*: arquitetura e significação], *Século XVII*, "Pascal", cf. J. Mesnard, *Les Pensées de Pascal,* Paris, Sedes, 1993, p. 152-6.

diminuição da vontade e do intelecto é a base "teórica" em que ele se apóia.

Isso não quer dizer que a sua reflexão se resolva numa teologia, mas que a condição primeira para compreender o lugar de enraizamento de sua especificidade "filosófica" se encontra em sua antropologia. Vamos estudá-la neste capítulo em relação às suas fontes teológicas.

1. A natureza do homem antes do pecado

O estado em que Adão se encontrava antes do pecado era um estado de santidade e sobretudo de inteligência completa e total. No estado de perfeição, todas as faculdades de Adão eram ordenadas para lhe permitir atingir a felicidade representada pela visão e pelo conhecimento de Deus. Além disso, a natureza inteira estava disposta em função de Deus, por conseguinte segundo uma hierarquia precisa que ordenava todos os seres e todas as suas faculdades para permitir-lhes atingir a sua felicidade máxima: o conhecimento total e perfeito de Deus. Os seres estavam, pois, dispostos em uma seqüência ordenada, do menos perfeito ao mais perfeito, cada um dominado pela vontade do ser superior que o dirigia, em compensação a essa dominação, rumo à felicidade.

O mesmo acontecia com cada ser, todas as suas faculdades seguindo a mesma hierarquia. Assim, as faculdades humanas estavam submetidas umas às outras em função de seu grau de perfeição e de participação na felicidade total de Adão. Não sendo senão um desejo de bens materiais – bens que só tinham o objetivo de permitir a continuidade do funcionamento das funções vitais –, a concupiscência estava subordinada à vontade que se deixava guiar pelo intelecto. Este, oferecendo uma visão e um conhecimento perfeito de Deus, permitia ao homem atingir a sua felicidade completa. Os membros do homem, por sua vez, obedeciam completamente e sem oposição às ordens que vinham da vontade, pois não eram o lugar de aplicação de uma lei oposta à que neles estava presente.

Noutros termos, entre a concupiscência – amor da carne – e a caridade – amor de Deus – não havia oposição, mas subordinação. Esse estado de inocência natural, que é, todavia, inseparável dos dons da graça, é identificado com a natureza original do homem. É também concebido como uma ordem de submissão justa das partes inferiores do corpo às partes superiores[8] (L131, L360, L370, L372, L373). A ordem de dependência entre a vontade e o intelecto deve ser entendida sobretudo como o desejo que a primeira tem de fazer o que o segundo lhe indica como podendo fornecer-lhe o bem supremo.

Em si mesma, a vontade não é senão o desejo de querer atingir o que a satisfaz, independentemente de qualquer objeto particular. Visto que o desejo natural de todos os seres humanos é a felicidade, a vontade se dirige para os objetos que o intelecto lhe indica como podendo dar-lhe um máximo de ventura. Se, pois, a vontade, no estado de pré-lapso se dirige para Deus, é, por um lado, porque a alma é ajudada por uma graça para determinar-se nesse sentido. Nesse estado, o homem não ama senão a Deus, no qual encontra a sua beatitude. Todo o amor que tem por si mesmo, ou que dedica às criaturas, não passa de um amor parcial. Ele ama a criatura enquanto esta é um produto de Deus. Esse amor não é senão um meio que, parando nas criaturas, tem por fim o amor de

---

8. Cf. *Entretien avec M. de Sacy*, p. 123-9 (OC, III, p. 152-5). Citamos esse texto a partir da edição inédita original feita por P. Mengotti e J. Mesnard, *Entretien avec M. de Sacy*, Paris, Desclée de Brouwer, 1994 (= Mengotti), que corrige em vários pontos o texto dado nas *Œuvres complètes* de J. Mesnard de que indicamos mesmo assim as referências. Cf. também *Écrits sur la grâce: traité*, OC, III, p. 781-2.

Deus, isto é, a caridade. Quando respeita essa ordem, o homem é glorioso e poderoso.

2. *A natureza do homem após o pecado*

O pecado consiste em um ato de orgulho da vontade que se revolta contra a ordem em que se encontrava o homem, e muda o centro de sua vida (L618). Em vez de considerar Deus como o centro e o objeto de seu amor, é o homem que a vontade coloca no centro de seu amor. Essa mudança de centro do desejo é também fonte de uma desordem que atinge todos os planos do ser humano. No interior do homem, a razão é atingida: se, no estado de perfeição, a razão, que encontrava a sua fonte na luz comunicada por Deus, estava em condição de guiar todas as faculdades de Adão, no estado de pecado, ela se deixa doravante guiar pelos sentidos na busca do prazer. Ora, esse prazer é um prazer da carne. Os sentidos orientam a razão rumo ao conhecimento da *criatura*, isto é, rumo à satisfação de todas as necessidades do corpo enquanto carne; os sentidos só podem ter tal função na medida em que, a montante, a própria vontade deslocou o centro de seu desejo. No estado de pós-queda, o homem encontra-se, pois, numa situação tal que, tendo a vontade operado esse deslocamento, os sentidos podem indicar à razão onde se encontra o prazer e levá-la ao conhecimento dos objetos que os satisfaçam. Mas, fazendo-se centro de si mesmo, o homem inverteu também a ordem hierárquica em que se encontrava em relação aos outros seres.

Uma vez mais, antes do pecado, havia uma espécie de gradação dos seres que, partindo do mais baixo grau de perfeição, o dos animais, passando pelos homens e chegando até Deus, definia também estados de dominação dos mais perfeitos sobre os menos perfeitos. Amor de Deus e submissão à sua vontade coincidiam perfeitamente na vontade do homem: assim, todos os outros seres animados lhe eram perfeitamente submissos, como ele próprio era submisso a Deus. Depois do pecado, a desordem introduzida no mundo pela mudança de centro do desejo repercutiu também nas relações de dominação e de submissão entre o homem e a criatura. O pecado subverteu a ordem em que as faculdades humanas estavam dispostas, perturbando a hierarquia que lhes permitia atingir a visão de Deus. O intelecto, o espírito e a vontade sofreram plenamente as conseqüências do pecado que enfraqueceu de modo considerável as suas capacidades. Veremos, pois, primeiro, em que a vontade ficou diminuída pelo pecado original, e, em seguida, quais são as conseqüências deste sobre o intelecto.

3. Caridade e concupiscência

O objetivo do homem é ser feliz (L148) e sendo, é óbvio, a mais perfeita felicidade amar a Deus, todas as faculdades humanas foram, na origem, organizadas em função desse fim. O pecado, perturbando a hierarquia das faculdades humanas, tornou impossível ao homem o amor de Deus – a caridade – e voltou o seu desejo inteiramente para o amor da criatura – a concupiscência. A primeira conseqüência do pecado original consiste, pois, na ruptura da hierarquia entre caridade e concupiscência. Doravante, a satisfação dos desejos da concupiscência conduzirá o trabalho das faculdades humanas.

Quererá isso dizer que, no seu estado de perfeição, o homem não amava a criatura? Não, porque, de fato, não foi o seu amor que mudou, mas a intenção que o conduz. Adão amava a carne, comia, bebia e satisfazia todos os seus desejos, mas de maneira ordenada, isto é, sem desmedida, pois tudo era feito em função de Deus e do amor que ele votava a Deus. O homem pecador ama a carne não em função de Deus, mas em função dela mesma. Reencontra-se Agostinho e sua teoria dos dois amores:

> Não vos convidamos a não amar nada, convidamos-vos a não amar o mundo, mas a amar livremente aquele que criou o mundo.[9]

Enquanto, entre esses dois amores, a concupiscência e a caridade, antes do pecado existia uma subordinação estrita, no estado de pecado há independência. Adão possuía a concupiscência antes do pecado, mas ela estava regulada em função do amor de Deus; em seu estado atual, ela tem seu fim em si mesma.

Ora, a doutrina dos dois amores recorta a diferença entre *uti* e *frui*, entre utilizar o mundo e gozar o mundo, entre *aversio* e *conversio*, entre aversão por Deus e conversão a Deus e, pois, aversão pelo mundo e conversão ao mundo.[10]

Essa distinção, que está na base de toda a antropologia dos jansenistas, foi formulada por santo Agostinho pela primeira vez em *De doctrina christiana*, que Pascal, com certeza, leu.[11]

O pecado substituiu a subordinação da concupiscência à caridade pela absolvição da primeira (cf. OC, II,

---

9. Agostinho, *Salmo 121*, citado por Ph. Sellier, *Pascal et saint Augustin*, op. cit., p. 140.
10. Cf. Ph. Sellier, *Pascal et saint Augustin*, op. cit., p. 152-67.
11. "Gozar uma realidade é apegar-se amorosamente a ela por ela mesma. Enquanto usá-la é referir aquilo que se usa ao que se ama e deseja obter, se pelo menos isso deve ser amado [...] É preciso usar este mundo, e não gozá-lo, a fim de que as perfeições invisíveis de Deus se deixem entrever à inteligência através de suas Obras, a fim de que nos elevemos das realidades corporais e temporais àquelas que são eternas e espirituais. A realidade que se deve gozar é o Pai, o Filho e o Espírito Santo", Agostinho, *De doctrina christiana*, IV, 4.

p. 857-8). A caridade consiste num amor infinito de Deus que está satisfeito, pois seu objeto é infinito. O segundo, a concupiscência, em contrapartida, era na origem um amor finito de um objeto finito, mas, visto que a caridade foi apagada do coração do homem pelo pecado, só resta a concupiscência, que ocupa o lugar da caridade e se torna um amor infinito. Mas esse amor infinito não pode dirigir-se senão ao mundo e aos objetos, à ordem da carne. Entretanto, uma vez que o mundo não pode encontrar senão objetos finitos, ele nunca ficará satisfeito. Essa nova ordem, esse amor de si que tomou o lugar do amor de Deus é, pois, do ponto de vista do objeto a que o amor se dirige, caracterizado pela substituição de um objeto infinito por um objeto finito. Dessa mudança de objeto, da incomensurabilidade do amor a seu novo objeto derivam, segundo Pascal, todos os problemas do homem no estado de natureza pós-queda no qual se encontra.[12]

Essa substituição comporta duas conseqüências: a primeira consiste na constituição do eu como uma totalidade infinita. Como a rã, para se tornar grande como um boi na fábula de La Fontaine, o eu se infla até representar um objeto capaz de satisfazer o desejo infinito de amor-próprio.[13] Não podendo a vontade mudar o objeto do amor, isto é, o eu, tenta mudar pelo menos o conhecimento do eu. Já que o eu não pode mudar, será o conhecimento que o intelecto proporá à vontade que poderá

---

12. Para tudo que segue sobre a relação entre o amor e seu objeto, veja-se Ch. Lazzeri, *Force et justice dans la politique de Pascal*, Paris, PUF, 1995, p. 9-14.
13. Nicole define assim o trabalho do orgulho: "O orgulho é um inchaço do coração pelo qual o homem se estende e se avoluma de algum modo e em si mesmo, e realça a sua idéia pela de força, de grandeza e de excelência", "De la faiblesse de l'homme" [Da fraqueza do homem], in *Essais de morale*, introduzidos e anotados por L. Thirouin, Paris, PUF, 1999, p. 27. Note-se aqui a utilização do termo coração como sinônimo de vontade.

levá-la a amar o eu como um objeto infinito (L978). Segundo a definição proposta por Nicole, este é o amor-próprio de vaidade.

A segunda conseqüência é que todo objeto será instrumentalizado a fim de preencher o vazio deixado pelo objeto infinito do amor que é Deus. Mas nenhum objeto poderá preenchê-lo, o amor ficará sempre insatisfeito, sempre em busca de um objeto suscetível de satisfazê-lo definitivamente. Dessa desproporção nasce o que Nicole define como amor-próprio de comodidade. O desejo é, pois, duplamente infinito: a primeira infinitude

> dirigida para a aquisição da estima se fundamenta no amor-próprio de vaidade que consiste em recorrer a outrem para se deleitar consigo mesmo. A segunda, orientada para a obtenção de todos os bens a fim de se deleitar por si mesmo, funda o amor-próprio de comodidade.[14]

Em suma, no estado de pecado, a vontade foi atingida no fato de ter tomado um mau vezo que a faz amar tudo que lhe agrada, quer dizer, ela não é mais capaz de efetuar uma verdadeira escolha entre todos os objetos que são submetidos à sua avaliação. É apenas em seu estado de pré-lapso que podia exercer livremente a sua escolha.[15] Nessa possibilidade, é toda uma doutrina da vontade que está incluída. Mais uma vez, devemos remontar a Agostinho e à sua noção de vontade. A esse respeito, veremos primeiro a maneira como ele define a vontade como amor e, depois, tendo em vista essa definição, discutiremos o sentido que toma nesse contexto a vontade entendida como livre escolha. Mas essa especificação não é senão uma etapa prévia que deve

---

14. Ch. Lazzeri, op. cit., p. 13.
15. Pascal, *Écrits sur la grâce: traité*, in OC, III, p. 793-4.

nos permitir, num segundo momento, pelo estudo da utilização da noção de coração, dar conta da fundamental função gnoseológica que a vontade tem. Essa dupla análise nos conduzirá, com efeito, a ver na vontade uma faculdade única que, pelo exercício de sua força desejante, guia o intelecto nas escolhas dos objetos a serem conhecidos.

4. Quem move a alma?

A pergunta a que a definição da vontade como amor tenta responder pode ser formulada nestes termos: de onde nasce o movimento da alma? Por qual princípio explicar que ela se dirige ora para um objeto e ora para outro?

Platão havia resolvido esse problema com a noção de uma vontade capaz de agir tanto em função de princípios racionais quanto de desejos imotivados; Aristóteles não se contenta com essa solução, pois, como explicar que o homem possa satisfazer um desejo mau? Isso equivaleria a admitir que o mesmo homem pudesse fazer uma coisa ao mesmo tempo voluntariamente e involuntariamente:

> Tudo que se faz voluntariamente, faz-se desejando, e o que se deseja faz-se voluntariamente, mas ninguém deseja o que acredita ser mau. Ora, o incontinente faz o que não deseja, pois a incontinência é agir de modo contrário ao que se acredita ser o melhor, sob a influência do apetite; em conseqüência disso acontecerá ao mesmo tempo que o mesmo homem aja voluntariamente e involuntariamente; ora, isso é impossível.[16]

---

16. Aristóteles, *Ética a Eudêmio*, II, 7, 1223b, 6-12, cf. trad. francesa de V. Decarey, Paris, Vrin, 1991, p. 101.

A simples oposição entre o desejo e a razão conduz a um impasse lógico e a uma incompreensão de fundo do princípio das ações do homem.

Para sair desse impasse, Aristóteles introduz uma nova faculdade, a *proairesis*, que permite pensar a atividade de escolha como uma deliberação. Todavia, o campo de exercício dessa faculdade é extremamente reduzido, pois ela só pode operar sobre os meios e não sobre os fins, que já estão fixados. Para Aristóteles, todo o problema da escolha e da deliberação diz respeito à maneira como o homem se propõe realizar o seu escopo que não varia. Na verdade, todos os homens querem uma só e mesma coisa, isto é, ser feliz. Sobre isso, a concordância é geral. As dificuldades começam quando se levanta a questão de saber em que consiste a felicidade e como atingi-la. Aristóteles resolve o primeiro problema ligando o fim do homem à sua natureza: é bom para o homem tudo que lhe permite realizar ao máximo as potencialidades de sua natureza.[17] No campo dos fins, não há, pois, escolha possível. Os problemas nascem a propósito dos meios de realizar o fim da natureza humana. E é nesse contexto que a deliberação racional ajuda o homem a escolher o melhor meio possível.

Agostinho retoma em sua integralidade a teoria de Aristóteles, modificando-a de modo decisivo. É verdade que a vontade deve escolher o que é bom em função da natureza do homem, mas é sobre a natureza do homem e sobre a sua finalidade intrínseca que Agostinho se aparta de Aristóteles. Com efeito, como já havia observado Aristóteles, considerando bem em que a vontade concorda com a liberdade, vê-se que, quando se é livre, só se quer aquilo que confirma a vontade em seu querer ser livre. Ora, a vontade

---

17. Cf. Aristóteles, *Ética a Nicômaco*, 1, 6, cf. trad. fr. de J. Tricot, Paris, Vrin, 1990.

só é confirmada em sua liberdade quando quer a sua *rectitudinem* [retidão, direito]. Esse direito não consiste em nada que não seja o respeito da natureza humana. Estão, pois, em causa a definição do fim do homem e a concepção de sua natureza: à questão concernente à liberdade do homem, pode-se responder que o homem é livre salvo no que diz respeito ao fim de sua liberdade, que é necessária, pois a vontade não pode querer senão o bem. A liberdade é, pois, limitada no sentido de que ela se limita a indicar os objetos a querer para poder ser feliz, ou a querer ou não querer tal ou tal outro objeto.

Pascal aceita plenamente essa teoria da vontade como amor. Assim, podemos ler no fragmento L661 que "a vontade ama naturalmente", quer dizer que a natureza da vontade é amar. Segundo o ensinamento de Paulo, Pascal lembra que "o homem é ou escravo da justiça e livre do pecado, ou livre da justiça e escravo da concupiscência; isto é, ou escravo do pecado ou escravo da justiça; jamais sem ser escravo de um ou de outro; e, portanto, jamais livre de um ou de outro" (OC, III, p. 703-4). Quer o homem esteja em seu estado de natureza justa ou no de *natura lapsa*, a sua faculdade deliberativa está sempre submetida à busca da realização do fim da natureza humana.

5. Os móveis da ação

Em que sentido se deve entender, então, que a vontade é livre? Ao limitar-se o seu campo de exercício ao domínio dos meios, devemos concluir que a vontade é livre, pois pode escolher indiferentemente entre todos os meios que se apresentam à sua escolha, o que sua racionalidade o faz preferir? Sim, responde Pascal, o homem pode escolher livremente o que a razão lhe apresenta como o melhor meio para realizar o seu fim. Mas essa resposta exige ser completada. Pois o homem é antes de tudo um pecador, e o pecado original alterou a sua natureza; portanto, modificou o funcionamento do desejo e as modalidades da escolha dos meios que lhe permitiam atingir o seu fim.

Antes do pecado, ele não podia deixar de orientar-se em direção ao objeto que lhe dava o máximo de felicidade, Deus, de quem era de certa maneira escravo; após o pecado, tendo perdido a medida de sua felicidade, ficou submetido a automatismos que são os do corpo e da concupiscência.[18]

Para compreender qual é a influência da mecânica corporal sobre a vontade, faremos um rápido exame da maneira como Pascal encara o movimento de conversão operado pela graça divina.

No movimento de ascensão, que é ao mesmo tempo uma conversão e uma aversão, um desvio que se traduz em uma nova visão (cf. OC, IV, p. 40), o corpo se opõe com toda a força que lhe vem do apego que a vontade aplica aos bens materiais. O pecado determinou um vezo na vontade que se reforça num consentimento de todos os instantes às ordens da concupiscência. O corpo é um peso morto que, por hábito, o hábito do pecado, repete

---

18. Pascal ilustra assim a sua doutrina da liberdade em relação ao pecado original: "Imaginemos um homem entre dois amigos que o chamam, um de um lado, outro de outro, mas sem lhe fazer violência para atraí-lo, não é claro que ele é livre de se aproximar daquele que quiser? Mas imaginemos o mesmo homem que um de seus amigos chama, e sem lhe fazer violência para atraí-lo, mas que o outro puxa para si com uma corrente de ferro, não é visível que ele seguirá o mais forte? E, finalmente, imaginemos que esses dois amigos o puxam cada um para seu lado com uma corrente cada um, mas com diferente força, não é visível que ele seguirá infalivelmente a mais forte atração? [...] E imaginemos agora que esse mesmo homem, estando colocado entre os dois amigos, cada um deles o segura com uma corrente, de medo que ele se afaste mais: dir-se-á que esse homem tenha encontrado a sua primeira liberdade, e que ele esteja no mesmo estado que antes, e na indiferença de escolher?" (OC, III, p. 705-6).

sempre os mesmos gestos, tornando-os mecânicos. É um conjunto de hábitos e de costumes que a natureza do homem no estado de pecado define.

Será preciso admitir, por isso, que Pascal considera que o costume substitui pura e simplesmente a verdadeira natureza perdida pelo pecado? Os pensamentos consagrados às relações entre costume e natureza são enigmáticos:

> o costume é uma segunda natureza que destrói a primeira. Mas que é a natureza? por que o costume não é natural? temo muito que essa mesma natureza não seja senão um primeiro costume, como o costume é uma segunda natureza. (L126)

> o costume é nossa natureza. (L419)

Pascal reconhece que, no homem, há restos da primeira natureza, principalmente a consciência "de que a felicidade está, de fato, no repouso e não no tumulto" (L136). Mas, antes que de troca ou de substituição, seria preciso falar de inversão: no estado de pecado há uma dominação do costume que impõe a sua força à alma humana, malgrado a presença dos restos da primeira natureza, que não são senão vestígios e capacidades vazias capazes, no máximo, de entrar em conflito com o costume, sem nunca chegar a se impor.

Essa dominação do costume faz do corpo um mecanismo regulado por leis que, embora o ultrapassando, fixa-o em um conjunto de atos automáticos. A parte animal do homem, que é de fato a sua parte mecânica, toma a dianteira da parte racional (cf. L821 e L25).[19] Mas será que dar tanta força e impacto ao costume e

---

19. Sobre a relação racionalidade-mecânica na antropologia pascaliana, cf. G. Rodis-Lewis, *L'Individualité selon Descartes* [A individualidade segundo Descartes], Paris, Vrin, 1950.

aos hábitos não equivale a recusar toda liberdade ao homem? Sua responsabilidade e sua culpabilidade inatas não ficam consideravelmente diminuídas? Já vimos que a vontade, sendo a faculdade deliberativa, é submetida às rédeas da necessidade natural de realizar o fim para o qual tende a natureza humana. O passo seguinte consistirá em mostrar as condições e os limites de exercício da liberdade.

6. *O poder da vontade*

Do ponto de vista da determinação da vontade, não há diferença entre a situação do homem antes e depois do pecado. Tanto antes, ela estava, de algum modo, obrigada a dirigir-se para o amor de Deus, quanto depois não pode deixar de se dirigir para a criatura.

Essa diferença, fundamental quanto ao objeto, é a única conseqüência do pecado original. Pois, como escreve Arnauld, o homem sempre tem o "poder físico" de fazer o bem. De fato, uma vontade que não poderia fazer outra coisa que não o que faz, que não poderia mudar a sua orientação, seria um contra-senso tão grande como uma "montanha sem vale".[20]

Esse reconhecimento não comporta a afirmação da coincidência imediata e automática do querer e do poder: se a vontade tem o poder de fazer uma ou outra ação, esse poder nem sempre se transforma em ação. Agostinho já havia observado essa diferença entre poder e querer nas *Confissões*:

> Eu teria podido querê-lo e não o fazer, se a mobilidade de meus membros não tivesse seguido. Efetuei, pois,

---

20. A. Arnauld, *Écrit sur la grâce générale* [Escrito sobre a graça geral], in *Œuvres*, edição de Lausanne, vol. X, p. 498-9.

mil ações em que o "querer" não implicava forçosamente o "poder".[21]

Mas de onde vem essa incapacidade da vontade em seguir o que ordena a si mesma, visto que, quando comanda o corpo, este obedece sem tardança às suas ordens?[22] Essa divisão da vontade é de imediato interpretada por Agostinho como uma conseqüência do pecado original, como a força que a vontade apetitiva detém desde a queda de Adão, como o poder da concupiscência.[23] Poder-se-ia, pois, pensar que, se a vontade não tem o poder de fazer o que quer, é porque não é livre, consistindo a liberdade na coincidência do querer e do poder e, por conseguinte, no domínio pleno e efetivo de seus atos.[24]

O poder físico de fazer o bem não é, pois, suficiente, pois a ação não segue necessariamente o poder, ou melhor, o querer não é totalmente capaz de atualizar o seu poder. Essa divergência entre o querer e o poder, entre a potência e o ato, é causada por um obstáculo exterior.[25] Ora, é justamente o posicionamento do obstáculo à realização do querer no exterior do sujeito que permite, por um lado, dar à vontade toda sua liberdade, e, de outro, tornar-lhe impossível por si só fazer o bem.[26] Com efeito, o homem possui tudo o que lhe

---

21. S. Agostinho, *Les Confessions*, VIII, 8, 20, Paris, Gallimard, 1998, p. 943. (Bibliothèque de la Pléiade).
22. Ibidem, VIII, IX, 21, p. 944.
23. Ibidem, VIII, IX, 26, p. 949.
24. "A vontade é senhora de si mesma, sempre está em seu poder querer ou não querer; nada está mais imediatamente à disposição da vontade do que ela própria; outras tantas fórmulas que atestam a inseparabilidade natural do querer e de seu ato; é porque nasce dela e a exprime que o ato da vontade é sempre livre." E. Gilson, *L'Esprit de la philosophie médiévale*, Paris, Vrin, 1989, p. 288. [Ed. bras.: *O espírito da filosofia medieval*, trad. Eduardo Brandão, São Paulo, Martins Fontes, 2006.]
25. A. Arnauld, op. cit., p. 486.
26. Ibidem, p. 486-7.

é necessário para fazer o que quer: não sofrendo nenhum constrangimento físico, ele é livre. Assim, Arnauld escreve:

> por mais determinado que eu esteja a não ir totalmente nu à rua, tenho, entretanto, a possibilidade de fazê-lo, e o faria se quisesse.[27]

Nesse sentido, o homem é livre porque o seu querer pode se exprimir imediatamente, pois ele não sofre obstáculos exteriores. Mas, quando os jansenistas reduzem toda a liberdade a essa liberdade material, silenciam o fato de que há uma liberdade da vontade que, embora seja interior, é travada pela concupiscência, e que não pode absolutamente ser devolvida a si mesma senão por uma ação divina. Nesse sentido, o homem não é livre, pois não pode fazer coincidir o seu querer e o seu poder.

7. *O coração que crê e que deseja*

Na antropologia pascaliana, a vontade desempenha outro papel no interior da alma: ela não é apenas uma faculdade deliberativa, mas possui uma função cognitiva; não se trata, no caso, de uma simples sobreposição de duas funções independentes.[28]

Com efeito, Pascal, na *Arte de persuadir*, estabelece uma diferença entre os conhecimentos humanos e os conhecimentos sobrenaturais a partir da faculdade segundo a qual eles entram na alma. A ordem correta é aquela segundo a qual as coisas sobrenaturais são amadas e depois conhecidas (OC, III, p. 414, § IV), ordem perturbada após o pecado: daí por diante, o homem só acredita no que lhe agrada. Ou ainda, como escreve Pascal, reportando uma

---

27. Ibidem, p. 486-7.
28. A. Arnauld, *Correspondance*, in *Œuvres*, op. cit., vol. III, p. 364.

consideração do duque de Rouannez, é porque se foi tocado por um "efeito" que a gente se esfalfa para lhe encontrar uma "razão", e não, como o duque parece acreditar, porque se conhece de maneira insensível a "razão" que se é tocado por um "efeito" (L983). Assim, a vontade tomou a dianteira porque, mesmo não sendo ela o órgão do conhecimento, pode agir sobre este, pois "as coisas são verdadeiras ou falsas segundo a face pela qual são olhadas" (L539).

Mas ainda há mais, o que a utilização da noção de coração, sinônimo de vontade, indica, como já apontamos, em vários fragmentos em que Pascal discute em especial a fonte de sua crença. Assim em (L380):

> Não vos espanteis de ver pessoas simples crer sem raciocínio. Deus lhes dá o amor de si e o ódio de si próprios. Inclina-lhes o coração a acreditar. Nunca se acreditará, com uma crença útil e com fé, se Deus não inclinar o coração, e se acreditará logo que ele o inclinar. (Cf. L424, L381, L382, L482)

Como já vimos, o peso da vontade é dado justamente pelo amor que conduz ou para Deus ou para a criatura. Quando Pascal escreve que "Deus inclina o coração", deve-se entender que ele age sobre a vontade para a levar à caridade. Da mesma forma, nos fragmentos em que Pascal interpreta a mudança como uma figura da circuncisão do coração, é preciso entender sempre que se trata de mudança de direção da vontade graças ao socorro divino.

O coração, sede do amor, desenvolve também uma função cognitiva: os cristãos, como todos os outros, querem seguir "os pensamentos do [seu] coração" (L769). Ou, ainda, sobrepõem a tendência da vontade para o verdadeiro bem e o poder de conhecer do coração:

O meu coração tende inteiro a conhecer onde está o verdadeiro bem. (L429)

Mas como o coração opera esse conhecimento e o que conhece? Pascal é claríssimo: o coração permite um conhecimento imediato e intuitivo que se opõe totalmente ao processo discursivo e lógico da razão (L155, L298, L423). Essa oposição, que tem raiz na coexistência de duas naturezas no homem, é importante para Pascal: depois de ter identificado o coração aos instintos (L155), ele poderá considerar "o instinto e a razão" como as "marcas dessas duas naturezas" (L112).

O conhecimento do coração é um conhecimento de primeiros princípios e das causas primeiras dos fenômenos, é o que diz o fragmento L110. Depois de ter dividido o conhecimento da verdade entre a razão e o coração, Pascal explica quais são os objetos que essas duas faculdades conhecem:

> Conhecemos a verdade não apenas pela razão, mas também pelo coração. É desta última maneira que conhecemos os primeiros princípios.

Os primeiros princípios mencionados nesse fragmento são a esperança, o tempo, o movimento, os números, ou, mais precisamente, um certo número de proposições concernentes àqueles domínios de que não se pode provar positivamente a verdade, por exemplo: "o coração sente que há três dimensões no espaço e que os números são infinitos", mas esses princípios não podem ser provados e "é tão inútil como ridículo que a razão peça ao coração provas desses primeiros princípios para querer consentir a eles" (L110).

8. A razão corrompida

O espírito, a outra faculdade que constitui a alma do homem, também foi atingida pelo pecado original. Seu ferimento é tão grave quanto o sofrido pela vontade: subsistiram apenas alguns restos da sabedoria que Adão possuía em seu estado de pré-lapso. No opúsculo *Do espírito geométrico*, Pascal é ainda mais preciso: se o método geométrico é o único que pode convir às demonstrações de uma verdade que já se conhece, ele o é somente por falta. Esse método está longe de ser o verdadeiro, mas é, mesmo assim, o único que pode convir à natureza humana tal qual ela "ficou". O verdadeiro método, que "consiste em definir tudo e provar tudo", escapa totalmente ao homem,

> pois é evidente que os primeiros termos que se gostaria de definir suporiam outros precedentes para servir em sua explicação, e que da mesma forma as primeiras proposições que se quereria provar suporiam outras que as precedessem: e, assim, é claro que nunca se chegaria às primeiras. (OC, III, p. 394-5)

Pascal exclui que o homem possa chegar ao conhecimento das verdades últimas. Tudo que pode fazer é ordenar conhecimentos que já possui, pois lhe é impossível remontar ao infinito. Para dizê-lo de outra forma, ele não pode conhecer direta e positivamente o infinito, mas apenas indiretamente, como o contrário de uma hipótese absurda (L199).

> Os homens estão numa impotência natural e imutável de tratar qualquer ciência que esteja numa ordem absolutamente completa. (OC, III, p. 395)

Assim, pois, o homem não está condenado à ignorância total, mas ao conhecimento imperfeito. Pelo coração, de fato, ele pode conhecer os primeiros princípios de maneira intuitiva – por sentimento, diz Pascal ["os princípios se sentem" (L110, cf. L298, L423)]. Mas a razão não os pode provar, ferida ainda do pecado original:

> Qualquer que seja a impotência em que estejamos de prová-lo pela razão, essa impotência não conclui outra coisa senão a fraqueza de nossa razão, mas não a incerteza de todos os nossos conhecimentos. (L110)

O desdobramento do conhecimento tem um sentido: nem tudo se dá a conhecer pela razão, há verdades cujo conhecimento lhe escapa, mas que não são menos verdadeiras do que as outras (L110).

Todavia, a impossibilidade de conhecer verdadeiramente os primeiros princípios não constitui a única limitação da razão. Pois, se o homem pode conhecer através de duas faculdades, o entendimento e a vontade, verifica-se que, no estado em que se encontra, não é mais pela via mais natural, o entendimento, que os conhecimentos entram em sua alma, mas por aquela que é a mais comum e indigna, estranha quando se trata do conhecimento das coisas profanas, pois, segundo a ordem natural, seria preciso conhecer antes de amar, ao passo que, em se tratando das coisas sobrenaturais, entra-se na verdade pela caridade. Estas últimas vão do coração à mente, e não no sentido inverso, porque, dessa maneira, Deus quer, por um lado, humilhar a razão e, por outro, curar a vontade doente por causa do pecado original. O homem aplica, pois, ao conhecimento das coisas naturais uma ordem que é a que Deus destinou ao conhecimento das coisas sobrenaturais. A punição infligida ao homem por essa desordem consiste no fato "de que Deus não derrama as suas luzes nos espíritos senão após ter domado a rebelião da vontade por uma doçura toda celeste que a encanta e que a atrai" (OC, III, p. 414). É só depois de ter recebido as graças divinas que curam a vontade que o homem pode conhecer a verdade.

Ora, cada uma dessas duas potências possui os seus princípios e os seus conhecimentos específicos:

> os do espírito são verdades naturais e conhecidas de toda gente, como a de que o todo é maior do que a parte, além de vários axiomas particulares.

Os princípios e as verdades que concernem à vontade "são de certos desejos naturais e comuns a todos os homens, como o desejo de ser feliz, que ninguém pode não ter, além de vários objetos particulares que cada um segue para chegar lá, e que, tendo a força de nos agradar, são tão fortes, embora perniciosos no efeito, para fazer agir a vontade quanto se fizessem a sua verdadeira felicidade" (OC, III, p. 415). As verdades podem ser de três tipos: as que decorrem necessariamente "dos princípios comuns e das verdades confessadas" e que não podem ser recusadas, como as verdades geométricas; aquelas que concordam perfeitamente com os princípios da vontade e que, satisfazendo-a em tudo, não podem senão ser aceitas, pois, quando se mostra "à alma que uma coisa pode conduzi-la àquilo que ela ama soberanamente, é inevitável que se entregue a ela com alegria"; e aquelas que, embora estejam estabelecidas em princípios conhecidos, não satisfarão a vontade. É quando a vontade e o intelecto entram em conflito que a verdade corre o risco de não ser conhecida, pois, para Pascal, a entrada principal da verdade na alma é constituída pela vontade, isto é, ela deve ter o beneplácito da vontade antes de ser recebida como verdadeira.[29] Sublinhamos o seguinte: Pascal afirma aqui, como um dado de fato sobre o qual repousa a sua arte de persuadir, que a vontade representa a entrada principal da verdade na alma e que as verdades que, embora tendo sido estabelecidas pela razão, vão contra a vontade, não podem ser recebidas.

Existe ainda uma terceira limitação à potência gnoseológica do espírito, que vem, esta, da imaginação. A imaginação não se coloca entre as faculdades produtivas de conhecimento: ela é uma potência que intervém sobre estas.[30]

Em primeiro lugar, ela limita os seus efeitos: produz efeitos semelhantes aos do coração (L975), ou então se opõe diretamente ao sentimento (L530). Sua capacidade para o mimetismo impede o estabelecimento de uma regra para distinguir os efeitos de sua potência do conhecimento dos princípios que a vontade libera.

Em seguida, altera as produções das outras faculdades, de tal modo que se torna impossível estabelecer a diferença entre o essencial e o acidental (L44). Ou, ainda, a imaginação confunde tanto a razão que alguém que assopra ao comer pode ser detestado mesmo que diga a verdade (L196).

Mas, se ela combate a razão, imitando-a ou alterando os seus efeitos, tudo o que apresenta não pode apenas ser rejeitado como falso: "sendo [a imaginação] na maioria das vezes falsa, não dá nenhum sinal dessa sua qualidade, marcando com a mesma característica o verdadeiro e o falso" (L44). Com efeito, se ela altera as verdades da

---

29. Ch. Lazzeri descreveu muito bem os três mecanismos – neutralização, seleção, inversão – segundo os quais a vontade age sobre o intelecto, levando-o a conhecer o lado da coisa que mais lhe é conforme (op. cit., p. 159-61).
30. Sobre a imaginação como potência, cf. G. Bras, J.-P. Cléro, *Pascal, figures de l'imagination*, Paris, PUF, 1994, p. 11.

razão[31], impedindo-a de se deter sobre uma verdade, mantendo-a sempre em movimento, esse movimento é uma oscilação do verdadeiro e do falso.[32] O problema está em contê-la, não em passar sem ela; a imaginação é uma potência da alma; tanto mais que ela é também capaz de ajudar a razão, permitindo-lhe ir além do visível. Por exemplo, se a razão pode provar a existência do infinito é porque a imaginação permite representar-se coisas que a razão pode, em seguida, elaborar numa demonstração. Ora, sem a capacidade conceptualizante da imaginação que, por outro lado, executa, como a razão, um trabalho de abstração, e nisso se parece com ela, a razão ficaria desprovida de meios. Assim, mesmo se colocando a serviço da razão, a imaginação não pode deixar de humilhá-la. No caso específico da demonstração da divisibilidade ao infinito[33], a representação produzida pela imaginação pode servir ao conhecimento do conceito, na medida em que a razão não pode proceder sozinha e deve situar-se no quadro de uma demonstração pelo absurdo dessa tese, segundo um procedimento que não é certamente o da razão desdobrada.

A marca determinada pelo pecado original imobilizou, pois, definitivamente, a vontade e o intelecto numa posição que dá conta da insuficiência do conhecimento e da possibilidade do erro. Diferente de Descartes, para quem a fonte do erro se encontra numa desproporção entre a infinidade da vontade e a finitude do intelecto,

---

31. "A imaginação avoluma os pequenos objetos até encher com eles a nossa alma por uma estimação fantástica, e por uma insolência temerária ela apequena as grandes até a sua medida, como ao falar de Deus." (L551)
32. "Essas coisas a que temos mais apego, como esconder o pouco bem que se tem, não é freqüentemente quase nada. É um nada que nossa imaginação aumenta como uma montanha; outro golpe da imaginação faz-nos descobrir isso sem dificuldade." (L531)
33. Uma idéia conseqüente do infinito coloca que é sempre possível dividir-se *sem limite* uma porção de espaço qualquer.

para Pascal intelecto e vontade são igualmente responsáveis pela situação.

A razão foi atingida, pois, três vezes. Uma primeira vez porque não pode conhecer os primeiros princípios que lhe são comunicados pelo coração. Uma segunda vez porque, fora de um conhecimento que seria suficientemente provado, a verdade não pode ser recebida na alma a menos que seja aceita pela vontade: é, pois, a vontade que guia o intelecto em suas operações gnoseológicas, visto que a razão, justamente por causa da iluminação intrínseca de suas capacidades, não pode recuperar os princípios primeiros da verdade e deve, pois, remeter-se a ela. Da ferida do pecado original decorre a prioridade da vontade no conhecimento. Mas a vontade também é atingida pelo pecado, tem "apegos sujos" à carne: não aceitando senão tudo que a satisfaz, encontrará a sua satisfação apenas em tudo que satisfizer a sua concupiscência. Os jesuítas – como todos aqueles em quem a vontade permanece doente –, aos quais Pascal recrimina terem apagado as luzes naturais para permitir o homicídio, poderiam conhecer os preceitos do direito natural se o quisessem. O problema é que não podem querer uma coisa que vai contra os desejos da vontade, a qual está inteiramente voltada para a satisfação da concupiscência e não para o respeito dos preceitos da caridade. De fato, "a verdade está tão obscurecida neste tempo e a mentira tão estabelecida que, a menos que se ame a verdade, não se poderá conhecê-la" (L739). Os casuístas[34] não têm nenhum amor pela verdade, quer dizer, por Deus, não têm caridade e são obrigados, de algum modo, a justificar suas escolhas morais por princípios

---

34. No século XVII são designados por esse nome teólogos, muitas vezes jesuítas, que se aplicam em resolver os *casos* ou as dificuldades de consciência pelas regras da razão. A *casuística* é o ramo da teologia moral que cuida dos *casos de consciência*.

racionais, não querendo saber que a razão está tão enfraquecida pelo pecado original que nunca poderá fornecer um ponto fixo para o juízo.

A razão é atingida uma terceira vez pela guerra que com ela trava a imaginação. Essas três limitações fazem que a razão não esteja em condição de fixar um valor às coisas (L44). A natureza humana está submetida a um movimento contínuo (L199), e a razão é incapaz de encontrar uma regra para parar o movimento do a favor ao contra que a vontade e a imaginação imprimem às coisas:

> Seria preciso ter uma regra. A razão oferece-se, mas é digna de dó em todos os sentidos. E, assim, não há regra alguma. (L530)

Desse modo, o homem, segundo Pascal, é uma criatura que o pecado original impede de coincidir consigo mesma, esquartejada entre o coração que sabe com certeza um saber indemonstrável e a razão que não pode senão tender para o saber *convincente*.

2
Os estratos da natureza e o pluralismo metodológico

Poder-se-ia pensar, a partir dos dados antropológicos analisados, que Pascal oscila entre misticismo religioso e ceticismo filosófico. A razão humana parece, com efeito, condenada pelo pecado original à aproximação, ao inacabado. Entretanto, para Pascal, as coisas não são tão radicalmente negativas, pelo menos no que concerne ao conhecimento da natureza. Com efeito, se a ordem perfeita está além do alcance dos homens, não é menos verdade que eles podem atingir uma outra, inferior "pelo fato de ser menos convincente, mas não por ser menos certa". Essa ordem geométrica "não define tudo e não prova tudo, e é nisso que lhe cede; mas não supõe senão coisas claras e constantes pela luz natural, e é por isso que é perfeitamente verdadeira, sendo sustentada pela natureza na falta do discurso" (OC, III, p. 395).

Apesar do ferimento que o pecado infligiu à razão, o homem pode conhecer e ordenar o mundo, ainda que o faça de modo imperfeito. Mas, justamente, levando-se em conta os limites do conhecimento, como este pode se organizar fora da busca da ordem perfeita? Existe, para Pascal, outro método que não o geométrico?

Para responder a essas perguntas é necessário efetuar um percurso no interior dos escritos de Pascal, partindo de seus primeiros trabalhos e experiências científicas sobre o vácuo, e passando pelo exame da definição do método geométrico e pelas implicações dessa definição. Assim, poderemos lançar luz sobre a coerência interna de seu procedimento.

1. Pascal e Descartes

Analisaremos, de início, as relações entre Pascal e Descartes, mas sem a intenção de estabelecer se Pascal foi cartesiano nem de discutir seu eventual anticartesianismo.[1] Propomo-nos apenas utilizar Descartes como ponto de comparação privilegiado em relação ao qual situar a reflexão de Pascal. Interessa-nos, antes, a possibilidade de mostrar, pelo exame de alguns pontos sobre os quais Pascal se afasta significativamente de Descartes, a especificidade de seu pensamento. Ao fazer isso, esperamos também mostrar em que a sua reflexão está, por certos aspectos, mais próxima da preocupação epistemológica contemporânea do que a de Descartes.

Na definição de seus métodos, que repousa sobre a sua antropologia religiosa, Pascal é levado não apenas a definir regiões do real suscetíveis de cair sob o poder da razão, mas também a se interessar por objetos teóricos que o pensamento de Descartes, por sua estrutura interna, não podia levar em conta. Paradoxalmente, a mdernidade de Pascal, que consiste na abertura sobre objetos teóricos até então deixados fora do campo da ciência, como o vácuo, o infinito, o acaso, repousa em seu pensamento antropológico, isto é, naquilo que, em seu pensamento, é o mais ancorado numa tradição plurissecular.

---

1. Não há praticamente livros sobre Pascal em que não se trate de Descartes. Cf. M. Le Guern, *Pascal et Descartes*, Paris, Nizet, 1971; A. McKenna, *Entre Descartes et Gasendi. La première édition des* Pensées *de Pascal*, Paris-Universitas, Oxford-Voltaire Foundation, 1993, p. 9-30. Mas principalmente o cap. VII do texto de H. Gouhier, *Conversion et apologétique*.

Se esse procedimento de compreensão da especificidade do pensamento de Pascal pela medida do afastamento das posições de Descartes se justifica, é na medida em que o cartesianismo, na época em que Pascal realiza as suas primeiras descobertas, está se tornando um discurso hegemônico. Também alimentado em outras fontes, o esforço de demarcação de Pascal permite-lhe criar um novo espaço de racionalidade adotando um procedimento metodológico autônomo. Esses dois elementos cobrem uma epistemologia que, mesmo não sendo definível nos termos que caracterizam a epistemologia cartesiana – sistematicidade, unidade do procedimento e do método, fundamentação da verdade, etc. –, não tem força menor.

Em que sentido se pode falar de uma epistemologia de Pascal? Se por epistemologia se entende uma reflexão sobre o método científico repousando numa operacionalização constante e coerente em todos os domínios do saber, ela não existe em Pascal: a diversidade dos métodos conforme os domínios em que exerce a sua reflexão salta aos olhos mesmo numa leitura rápida. Mas se por epistemologia se entende a persistência de um conjunto de estruturas racionais que se organizam e que organizam o campo do pensamento constantemente, atravessando todos os domínios em que Pascal exerce a sua reflexão, então se pode falar de uma epistemologia pascaliana.[2] Vamos tentar colocar em destaque essas duas características da epistemologia pascaliana confrontando as posições de Pascal e as de Descartes sobre o problema da formação da certeza dos conhecimentos e sobre o dos limites do método.

a) Nas *Meditações metafísicas*, a destruição de todos os preconceitos pela hipótese do Gênio Maligno deve

---

2. P. Guénancia, *Du vide à Dieu: essai sur la physique de Pascal*, Paris, Maspero, 1976, p. 298.

conduzir Descartes à fundação da certeza das representações do sujeito pela captação imediata e intuitiva do *Cogito*. O pensamento constitui a natureza do homem e oferece um critério para fundamentar a certeza de seus conhecimentos.[3] A partir do *Cogito*, as proposições podem encadear-se umas após as outras, pois a sua certeza é garantida por este. Ainda que Pascal reconheça no pensamento o próprio do homem e o princípio de sua grandeza (L200; cf. L759 e L113), o pensamento não pode fundamentar-se no *Cogito*, e mesmo o homem não pode definir nem encontrar nenhum princípio que permita captar a certeza das proposições por causa da ferida que o pecado original infligiu à sua natureza. O fundamento do conhecimento, para Pascal, está para sempre perdido. Por conseguinte, todos os conhecimentos não podem ser senão prováveis ou verossimilhantes para o homem, o que diminui o fato de eles serem convincentes, mas não a sua certeza.[4]

b) Como enuncia a *Regula IV*, o conhecimento deve adotar, e assim tornar universal, o modelo das matemáticas. Segundo Descartes, "deve haver uma ciência geral que explique tudo que se pode buscar no que concerne à ordem e à medida, sem as aplicar a uma matéria especial: essa ciência se designa, não pelo nome que toma emprestado, mas pelo nome já antigo e recebido pelo uso de Matemática universal, porque ela encerra tudo

---

3. Sabe-se que Descartes entra num círculo vicioso a propósito da fundamentação da certeza do conhecimento; cf. Descartes, *Méditations métaphysiques,* "Réponses aux secondes objections", in *Œuvres,* edição Adam-Tannery (citada com a sigla AT), nova apresentação, Paris, Vrin-CNRS, 1974, vol. IX, p. 102-31.
4. Enquanto para Descartes é preciso evitar todo conhecimento somente verossimilhante: "Os objetos com que devemos nos ocupar são aqueles que nossas mentes parecem bastar para conhecer de maneira certa e indubitável" (Descartes, *Règles pour la direction de l'esprit,* AT, vol. X, p. 362 [Ed. bras.: *Regras para a orientação do espírito,* trad. Maria Emantina Galvão, São Paulo, Martins Fontes, 1999].

aquilo que fez dar a outras ciências a denominação de partes das Matemáticas".[5] Sendo toda a matéria *extensão* e, enquanto tal mensurável, existe uma ciência que permite conhecer a integralidade das leis matemáticas e geométricas que a governam.

Pascal nem mesmo imagina que se possa definir um modelo único de conhecimento, universalmente válido, como Descartes tinha tentado fazer com a *mathesis* universal. A diferença situa-se na concepção do próprio mundo: para Pascal, se não há um método único de conhecimento, é porque falta a possibilidade de uma ordem perfeita da natureza, ao passo que Descartes tinha pressuposto justamente essa ordem, para depois definir um método proporcional. Isso não quer dizer que, para Pascal, não existe nenhuma ordem. De fato, há pelo menos uma, que é a da geometria, inferior quanto à sua capacidade de ser convincente, mas não quanto à sua certeza. A geometria pode, pois, ter a função que tem a *mathesis* universal em Descartes, mas, em conseqüência da ausência de perfeição na ordem da natureza e do recuo insondável do fundamento, sofre uma importante limitação. Ela não pode remontar às causas primeiras, até os princípios do conhecimento. Permite apenas estabelecer e conhecer corretamente as relações que os homens fixaram entre as palavras e as coisas.

Além disso, enquanto a *mathesis* cartesiana não sofre nem limitação nem exceção, a geometria de Pascal comporta limitações importantes quanto à extensão de sua aplicabilidade. Como veremos, o método geométrico não é válido em todos os domínios. Precisa também ser auxiliado por outras abordagens metodológicas.

Essa confrontação com Descartes, voluntariamente parcial, poderia deixar supor que as intenções metodológicas

---

5. Ibidem, p. 378.

de Pascal se reduzem à indicação dos limites da razão e de sua aplicação. Ora, não é nada disso. Pode-se mostrar que as coisas são bem mais complicadas lembrando dois outros pontos sobre os quais Pascal se afasta de Descartes. Assim completado, o quadro do conjunto das diferenças entre os dois autores nos permitirá captar a importância para a modernidade do conjunto do pensamento epistemológico de Pascal, ainda que ele se encontre noutro lugar que não aquele onde era esperado.

Em primeiro lugar, ao contrário de Descartes, que procede por deduções, Pascal privilegia o método indutivo. Pode-se até considerar que, com o *Tratado do triângulo aritmético*, ele inventa o método por recorrência, chamado também indução matemática.[6] As características da indução justificam plenamente sua utilização por Pascal: por um lado, ela repousa na expectativa de que coisas similares terão comportamentos similares, portanto sobre o "hábito" que têm os mesmos fenômenos de se reproduzirem. Por outro lado, permite preencher o espaço existente entre a teoria e a observação.[7] Ora, se o hábito é asperamente criticado por Pascal, na medida em que é uma conseqüência do pecado, reconhecê-lo não deixa de ser uma das preocupações primeiras do procedimento racional. Quanto ao lugar que a indução ocupa entre a teoria e a observação, como veremos,

---

6. Tal é a tese de M. Cantor, que Ch. Chevalley lembra em seu *Pascal, contingence et probabilités*, Paris, PUF, 1994, p. 71-2. Cf. as importantes observações de K. Hara, "Pascal et l'induction mathématique", *L'Œuvre scientifique de Pascal*, PUF, Paris, 1964, p. 120-35; e também "La Correspondance de Blaise Pascal et de Pierre de Fermat: la géométrie du hasard ou le début du Calcul des Probabilités" [A correspondência de Blaise Pascal e de Pierre de Fermat: a geometria do acaso ou o início do cálculo das probabilidades], publicada por Pierre-José About e Michel Boy, *Cahiers de Fontenay*, nº 32, setembro de 1983.
7. J. Largeault, *Hasards, probabilités, inductions* [Acasos, probabilidades, induções], Toulouse, Publicações da Universidade de Toulouse, 1979, p. 37-9.

os protocolos experimentais que Pascal atualiza nas suas pesquisas físicas não poderiam ser imaginadas sem o apoio da indução. É preciso ainda lembrar que o método indutivo, apesar das críticas que suscitará a partir do século XVIII, vai ser a base da estatística. Além disso, para Pascal, a escolha é coerente, justificada por sua antropologia e pela idéia que ele tem das capacidades da razão humana: a indução, de fato, não se aplica às próprias coisas, à sua essência, pois Pascal "sabe" que a razão é impotente para conhecê-las, mas permite, em contrapartida, um conhecimento das relações entre os objetos.

Outro aspecto da modernidade de Pascal, que o distingue de Descartes: a matematização de objetos que escapam à percepção do sentimento natural, tais como o acaso, o infinito ou o vácuo. Com Pascal, o conhecimento ultrapassa os limites que lhe são impostos pela luz natural para estender o seu domínio de aplicação a todas as coisas que podem ser captadas indiretamente, como é, por exemplo, o caso do infinito e do vácuo. No que diz respeito ao acaso, outro "objeto" teórico e científico pouco habitual no século XVII, considera-se tradicionalmente que na correspondência entre Pascal e Pierre de Fermat (1601-65) encontram-se as premissas do cálculo das probabilidades, que o próprio Laplace (1749-1827) formalizará em seguida. Uma primeira restrição impõe-se aqui: parece mais apropriado dizer que é o método de cálculo que as considerações de Pascal permitem progredir, mais do que os próprios conceitos.[8]

Nessa correspondência, Pascal e Fermat discutem um problema do jogo de baralho, que já havia suscitado a atenção de matemáticos do século anterior: como repartir eqüitativamente o dinheiro das apostas entre os jogadores

---
8. Cf. J. Largeault, op. cit., p. 48.

se a partida for interrompida?⁹ Todavia, o interesse da *regra dos partidos* (repartição) consiste menos no fato de ser o registro de nascimento do cálculo das probabilidades, o que é contestado por pesquisas recentes, do que na abertura da reflexão matemática para um objeto, o acaso, até então considerado não pertinente em geometria. Mas, uma vez mais, se nessa correspondência e nos *Tratados* de Pascal que a desenvolvem, esperássemos encontrar o acaso tratado como o é o moderno cálculo das probabilidades, ficaríamos logo decepcionados. Na realidade, não apenas não se trata aí de uma análise das probabilidades (trata-se antes de uma teoria dos números[10]), mas também, no que respeita ao acaso, de conformidade com a sua posição teológica, Pascal se esfalfa, antes, em reabsorvê-lo, em eliminá-lo, do que em tratá-lo matematicamente.[11] Em suma, onde o conhecimento se torna incerto porque diz respeito ao futuro, não cabe calcular as probabilidades que este ou aquele acontecimento tem de se realizar, mas dominar de antemão todas as combinações dadas pela abertura sobre o possível.

Disso se deve reter que a posição epistemológica de Pascal, que se apóia numa antropologia específica, parece consistir, acima de tudo, na limitação do conhecimento numa *região* da natureza, no interior da qual a razão pode exercer as suas funções de maneira autônoma, embora levando em conta a diminuição de suas capacidades. Entretanto, a utilização da razão, subtraída ao domínio

---

9. Cf. L. Thirouin, *Le Hasard et les règles: le modèle du jeu dans la pensée de Pascal* [O acaso e as regras: o modelo do jogo no pensamento de Pascal], Paris, Vrin, 1991, p. 107-29.
10. Cf. C. Chevalley, op. cit., p. 86.
11. Essa é a tese clássica de L. Brunschvicg, *L'Expérience humaine et la causalité physique*, Paris, PUF, 1949; cf., para uma opinião contrária, E. Coumet, "La Théorie du hasard est-elle née par hasard?" [A teoria do acaso nasceu por acaso?], *Annales*, nº 3, XXV, maio-junho de 1970, p. 574-98.

do sentimento natural, não conhece apenas uma limitação, por assim dizer, espacial que a condena a uma região do ente, mas possui positivamente, no interior dessa região, o poder ilimitado de aplicar o método correto e de se interessar pelos objetos mais díspares.

Poder-se-ia até chegar a afirmar que, se houvesse uma filosofia de Pascal, ela consistiria no trabalho de definição de um espaço de racionalidade e, no interior desse espaço, na delimitação das tarefas que podem ser desenvolvidas pelas faculdades intelectivas. Pois, no interior desse espaço, há uma ou várias ordens parciais que se devem e se podem encontrar. Mas em que condições e segundo quais procedimentos gnoseológicos? E, principalmente, em que consistirão essas ordens? Se não existem fundamentos para o conhecimento, se não existe um *cogito* no qual fundamentar a certeza do conhecimento, onde se encontrará um ponto de fundamentação, um *lugar* de verdade? Como validar a verdade? Como reconhecer que a ordem definida é realmente a certa e a boa? A nosso ver, é nos escritos científicos de Pascal que encontramos a resposta a essas questões: a questão da ordem do conhecimento, como os espaços racionais se concatenam uns com os outros, se e como os diferentes tratados científicos de Pascal apresentam um ponto de convergência teórico que possa funcionar como base sobre a qual fazer repousar uma epistemologia e como se constrói essa epistemologia. A questão do método ou do pluralismo metodológico estará, pois, no centro de nossa análise.[12]

---

12. Th. M. Harrington reconheceu a existência de sete métodos diferentes em Pascal; cf. *Vérité et méthode dans les Pensées de Pascal* [Verdade e método nos *Pensamentos* de Pascal], Paris, Vrin, 1972, p. 9-11.

2. A controvérsia sobre o vácuo

Os primeiros textos que analisaremos são os que compõem o "dossiê sobre o vácuo"[13], contribuição de Pascal à questão que ocupava todas as comunidades científicas no século XVII[14]: a natureza previa a possibilidade do vácuo como as experiências de Torricelli[15] o demonstrariam, ou então, como queria a física escolástica, a natureza tinha "horror do vácuo"?

Partiremos do intercâmbio epistolar com o padre Noël, não com o escopo de analisar a controvérsia em si mesma, mas no de deduzir – a partir dos problemas que a física escolástica, na pessoa desse jesuíta, coloca para Pascal –, o que exige a definição de um método e de um espaço racional que afloram a seu termo.

Enfrentam-se, assim, duas visões da ciência e da natureza. De um lado, há o padre Noël que, apoiando-se na tradição e na autoridade, é incapaz de ultrapassar o horizonte teórico do aristotelismo; do outro lado, há um moderno, Pascal, que quer libertar-se da física qualitativa

---

13. Compreendemos que nesse dossiê as *Expériences nouvelles touchant le vide* [Experiências novas concernentes ao vácuo], o *Récit de la grande expérience de l'équilibre des liqueurs* [Relatório da grande experiência do equilíbrio dos líquidos], o *Préface sur le Traité du vide* [Prefácio sobre o Tratado do vácuo], os fragmentos que nos restam desse mesmo Tratado, os *Traités de l'équilibre des liqueurs et de la pesanteur de la masse de l'air* [Tratados do equilíbrio dos líquidos e do peso da massa do ar], assim como a correspondência trocada com o padre Noël e M. Le Pailleur e as cartas a M. de Ribeyre.
14. Essa disputa é reconstituída por S. Mazauric em *Gassendi, Pascal et la querelle du vide* [Gassendi, Pascal e a querela do vácuo], Paris, PUF, 1998.
15. Evangelista Torricelli (1608-47), físico italiano, colocou em evidência a existência da pressão atmosférica graças à seguinte experiência (chamada de Torricelli): 1. Enche-se de mercúrio um tubo de um metro de comprimento e um centímetro de diâmetro; 2. vira-se esse tubo sobre uma cuba de mercúrio; 3. libera-se o orifício do tubo e constata-se que o mercúrio se eleva a 76 cm aproximadamente. Deduz-se que o ar é "pesado".

da escolástica. Entre Pascal e o padre Noël podemos descobrir um dos momentos em que a oposição e a descontinuidade entre a epistemologia escolástica e a ciência moderna ficam particularmente claras. Assim, como sintoma dessa descontinuidade, podemos destacar que a natureza de que falam não é a mesma e que o saber da natureza não tem a mesma função num e noutro.

A disputa com o padre Noël diz respeito, na realidade, a um ponto preciso relativo ao estatuto da experiência científica e às modalidades de sua interpretação. Trata-se, no caso, antes de mais nada, da superação da experiência como fonte de dados científicos a favor de um construtivismo que cria as condições, passíveis de se repetirem ao infinito, da experiência científica. De fato, Pascal, representante dos Modernos, interroga "a natureza em condições artificiais, ao passo que a experiência dos aristotélicos faz apelo ao mundo cotidiano para ilustrar teorias; as 'experiências' dos Modernos são experimentações artificialmente construídas com o objetivo de confirmar ou infirmar teorias".[16] A posição inicial é simples: a física aristotélica e escolástica, à qual o padre Noël se filia, não permite pensar a ausência da matéria, ou melhor, a presença de um espaço vazio, pois a natureza tem "horror do vácuo".

Em sua primeira carta, para se opor à possibilidade da existência do vácuo, o padre Noël assenta o seu raciocínio, *por analogia*, em observações feitas na natureza. Por exemplo, na parte do tubo que parece vazia, ele imagina a presença de um ar purificado, tão sutil que pode atravessar

---

16. Cf. P. Rossi, *La Naissance de la science moderne en Europe*, Paris, Seuil, 1999, p. 15-6 [ed. bras.: *O nascimento da ciência moderna*, Bauru, Edusc, 2001]; A. Pala, *Descartes e lo sperimentalismo francese* [Descartes e o experimentalismo francês], Roma, Editori Riuniti, 1992, e L. Febvre, *Au cœur du problème religieux* [No âmago do problema religioso], 2. ed., Paris, Le Livre de Poche, 1984.

os poros do tubo de vidro, cuja existência pressupõe a partir "não apenas da luz que penetra o vidro mais do que outros corpos menos sólidos cujos poros são menos freqüentes, embora maiores, mas também de uma infinidade de pequenos corpos diferentes do vidro que se notarão nesses triângulos que fazem aparecer as íris [arcos-íris], e de que uma garrafa de vidro tapada hermeticamente não se quebra num fogo lento sobre cinzas quentes". A dificuldade vem de que uma observação foi transposta de um domínio para outro: o padre Noël aplicou ao ar o que parece estabelecido para a água. Segundo essa analogia, o ar, assim como a água lamacenta que não passa "através de um pano bem tecido, onde ela passa com facilidade estando separada", não poderá, se não for bem depurado, atravessar os poros do vidro (OC, II, p. 514-5). O ponto fraco da demonstração é justamente essa uniformização qualitativa da natureza que parece permitir a generalização s*em restrição* de observações particulares.

As críticas de Pascal tocam em três pontos. Em primeiro lugar, a demonstração do padre Noël se apóia em um "experimentalismo naturalista" que não é fundamentado em nenhum princípio capaz de separar as experiências válidas daquelas que não o são. Depois, o padre Noël não possui critério algum de validação ou de falsificação da experiência, interior à própria experiência; ele não pode, tampouco, selecionar entre todos os fenômenos aqueles que são a causa dos efeitos que observa. Finalmente, e é ainda mais grave, na ausência de critério de validação capaz de fazê-lo ligar ao efeito a causa que o produziu, é a imaginação (colocando-se no lugar da razão entravada de depois da Queda) que constrói a relação causal (OC, II, p. 523-4).

Os erros do padre Noël são comuns a toda a física escolástica. Com efeito, na conclusão dos *Tratados sobre o equilíbrio dos líquidos e sobre a massa e o peso do ar*,

Pascal lembra que é por causa dessas três falhas que não se pôde compreender o papel da pressão no equilíbrio dos líquidos. O problema que Pascal quer resolver é explicar a união dos corpos, obstáculo principal ao reconhecimento do vácuo. Segundo Pascal, "havia três erros no mundo que impediam absolutamente o conhecimento dessa causa da união dos corpos" (OC, II, p. 1097).

O primeiro erro deriva do recurso à autoridade, mal interpretada, dos Antigos, que não tem função a desempenhar no domínio das experiências e das verdades que ficam sob a jurisdição dos sentidos e da razão.

O segundo erro reúne as duas primeiras críticas ao padre Noël. A partir da constatação de que um balde cheio de água mergulhado num líquido não tem peso, imaginou-se que "os elementos não pesam dentro de si mesmos", sem compreender que ele podia ter outra causa para a ausência de peso do balde na água (OC, II, p. 1097-8). Portanto, soma de dois erros: má interpretação de uma experiência e incapacidade de ligar bem uma causa a seu efeito.[17]

O terceiro erro consiste na intervenção da imaginação que, de conformidade com o estilo de explicação dos Antigos, propõe uma hipótese sem fundamento na experiência. Este terceiro erro acarreta a incapacidade de explicar por que a água que, em teoria, deveria poder subir sem nunca parar num hipotético tubo sem fim e chegar a uma distância infinita, não chega a isso, como prova a experiência de Torricelli, em razão da pressão atmosférica. Aqueles que sustentavam que a natureza tem horror ao vácuo, nunca tendo suspeitado a existência dessa pressão,

---

17. Um erro que se encontra, evidentemente com conseqüências diferentes, também em Agostinho ou Montaigne (L577). Cf. D. Descotes, "La Raison des effets, concept polémique" [A razão dos efeitos, conceito polêmico], in *Courrier du Centre International Blaise Pascal,* nº 20, 1998.

acreditavam poder imaginar que não havia limite à subida da água (cf. OC, II, p. 1099).

Para voltar à controvérsia sobre o vácuo, ela não nos interessa aqui apenas por si mesma, por seu objeto específico, pelas críticas que Pascal, em nome da ciência moderna, dirige à física escolástica, pela definição de um protocolo experimental revolucionário – pontos absolutamente notáveis –, mas pelo seguinte: a reflexão de Pascal não pára nesse problema e se estende ao estabelecimento de alguns princípios metodológicos que reencontraremos na obra em outros momentos de seu percurso teórico. A controvérsia sobre o vácuo funciona de algum modo como um aguilhão que obriga Pascal a colocar as bases de um método que permitirá no futuro evitar essas disputas incessantes com adversários que, como o padre Noël, utilizam os recursos retóricos e semânticos da linguagem para embaralhar a verdade e confundir o mundo.

3. A necessidade do método

Na segunda parte da controvérsia sobre o vácuo, representada pela carta a M. Le Pailleur (†1654), Pascal explica a necessidade que teve, para se opor às críticas do padre Noël, de passar por uma etapa prévia que consistia na definição de regras para utilizar bem as palavras. Assim, achou oportuno não entrar na pesquisa da existência do vácuo antes de ter declarado o que a palavra "vácuo" quer dizer, pois o padre Noël

> não podia distinguir entre as dimensões e a matéria, nem entre a imaterialidade e o nada; e que essa confusão o fazia concluir que, quando eu dava a esse espaço o comprimento, a largura e a profundidade, eu estava dizendo que ele era um corpo; e que, logo que eu o fazia imaterial, eu o reduzia ao nada. (OC, II, p. 563)

Por causa da extrema confusão em que a ausência de definições unívocas e claras mergulhava a discussão, Pascal se sente obrigado a dar a sua definição de espaço vazio, pela qual "se pode ver que a coisa que concebemos e que exprimimos pela expressão *espaço vazio* fica no meio entre a matéria e o nada, sem participar nem de uma nem de outro; que ele difere do nada por suas dimensões, que sua irresistência e sua imobilidade o distinguem da matéria: de tal modo que ele se mantém entre esses dois extremos, sem se confundir com nenhum dos dois" (OC, II, p. 563-4). O padre Noël cria uma outra fonte de confusão utilizando nomes que são equívocos; por exemplo, quando dá o nome de "corpo" ao espaço:

> haverá duas espécies de coisas inteiramente diferentes, e mesmo heterogêneas, a que se chamará corpo: uma, aquilo que tem partes umas fora das outras, pois se chamará a isso corpo, segundo o padre Noël; outra, uma substância material, móvel e impenetrável; pois, de ordinário, se chamará a isso corpo. Mas ele não poderá concluir dessa semelhança de nomes uma semelhança de propriedades entre essas coisas, nem mostrar, por esse meio, que aquilo que tem partes umas fora das outras seja a mesma coisa que uma substância material, móvel e impenetrável, porque não está em seu poder fazê-las assemelhar-se na natureza tanto quanto no nome. (OC, II, p. 568-9)[18]

Essa tentativa de encontrar um método capaz de definir com clareza e evidência os nomes, os axiomas e os

---

18. De um padre a outro, da natureza à teologia, os jesuítas sempre colocam decididamente os mesmos problemas: como o padre Noël, os jesuítas nas *Provinciais* são tomados à parte, pois jogam com palavras e com sentidos: cf. principalmente a primeira *Provincial,* ed. de M. Le Guern, Paris, Gallimard, 1987, p. 41-50.

princípios estará no centro do esforço de sistematização desenvolvido em *Do espírito geométrico*. Entretanto, nesse escrito, a noção de natureza sofre uma mutação, o que parece justificar a generalização do método geométrico. Entre a "natureza" de que os trabalhos físicos sobre o vácuo e o equilíbrio dos "líquidos" tentam encontrar e definir algumas leis, e a "natureza" das obras geométricas, a diferença é grande e corresponde também, pelo menos em parte, à tarefa confiada aos próprios métodos. Pois, se as obras físicas consideram a natureza como *cognoscível* e entendem definir as leis que a regulam, os trabalhos geométricos colocam a natureza como devendo ser *interpretada*.

Nos textos físicos, a natureza é um objeto que a mente humana pode conhecer sem nenhuma restrição, pois, "como os assuntos dessa espécie são proporcionais ao alcance do espírito, ele encontra uma liberdade total de se estender neles: a sua fecundidade inesgotável produz continuamente, e as suas invenções podem ser ao mesmo tempo sem fim e sem interrupção" (OC, II, p. 779). Além disso, ela é totalmente independente da noção de natureza que se encontra na Escritura.

Em relação às modificações definitivas da noção de natureza que Pascal operará em certos fragmentos, o opúsculo *Do espírito geométrico* e o fragmento L199 representam uma etapa intermediária: a natureza não pode ser conhecida inteiramente, pois a sua dupla infinidade – infinitamente grande e infinitamente pequena – subtrai-se às capacidades limitadas do espírito humano. Já na carta a Gilberte, de 1º de abril de 1648, Pascal havia desenvolvido uma doutrina espiritual que é animada por uma visão simbólica da natureza. Essa doutrina comporta a idéia de que "as coisas corporais não são senão uma imagem das espirituais", e de que as coisas invisíveis são representadas nas coisas visíveis, mas a chave para a compreensão da palavra divina que se esconde na natureza não é dada a todos.[19]

Dada essa noção de natureza, que transcende em muito as possibilidades da razão humana, Pascal tenta definir um método proporcional tanto à região da natureza que se oferece à percepção do homem quanto à potência do intelecto. Esse método tentará "demonstrar as verdades já encontradas e esclarecê-las de tal sorte que sua prova seja invencível". Esse método é o único "que quero dar; e para isso só tenho que explicar o método que a geometria observa: pois ela o ensina perfeitamente" (OC, III, p. 390). Divide-se em duas partes: a primeira, que prova todas as proposições, indicando, pois, a necessidade de "não empregar nenhum termo de que não se tenha antes explicado claramente o sentido"; e a segunda, que as dispõe em boa ordem, quer dizer, encadeando logicamente as proposições umas depois das outras: "não adiantar nunca nenhuma proposição que não se demonstrasse por verdades já conhecidas" (OC, III, p. 393).

As definições consistem apenas na imposição de um nome qualquer a um objeto, de maneira a abreviar o discurso. A única condição a respeitar é que a ligação seja clara e que não se superponha a outro sentido que a palavra em questão já possuía, ou, pelo menos, que, caso se der o mesmo nome a duas coisas diferentes, se esteja em condição de não confundir as suas qualidades respectivas:

> pois os geômetras e todos aqueles que agem metodicamente só impõem nomes às coisas para abreviar o

---

19. Para a carta de Gilberte, cf. OC, II, p. 582. Num importante ensaio, de que retomamos as conclusões, Y. C. Zarka analisa a noção de natureza e todas as mudanças às quais Pascal a submete: cf. "L'Interprétation de la nature", in *Philosophie et politique à l'âge classique*, Paris, PUF, 1998, p. 63-84.

discurso, e não para diminuir ou mudar a idéia das coisas sobre as quais discorrem.

Aos olhos de Pascal, essa é uma maneira de evitar a confusão pela redução das falas e das palavras utilizadas. E observa, além disso, dirigindo-se ao padre Noël, e mais genericamente aos jesuítas:

> nada afasta mais pronta e mais poderosamente as surpresas capciosas dos sofistas do que esse método, que é preciso ter sempre presente, e que sozinho basta para banir toda espécie de dificuldades e de equívocos. (OC, III, p. 394, cf. o parágrafo 12 do mesmo texto)

Todavia, o método geométrico comporta um conjunto muito grande de limitações que têm a sua fonte no discurso antropológico e serão depois exploradas por Pascal com fins apologéticos. Em primeiro lugar, o método geométrico não se aplica às verdades que já se conhecem e que é preciso demonstrar, pois o conhecimento dos princípios primeiros não se faz pelo intelecto, mas pelo coração. Ora, visto que a razão é incapaz de atingir os fenômenos que escapam ao senso comum como o infinito e a divisibilidade do infinito e que ela mostra ao homem que o mundo vai bem além do que a sensibilidade o faz conhecer, seu exercício constitui uma verdadeira humilhação para ele. O estado de seus conhecimentos reflete o estado de sua condição, pois o homem, não podendo remontar ao infinito em suas definições, é forçado a não definir tudo e a não provar tudo,

> mas a manter-se nesse meio de não definir as coisas claras e entendidas por todos os homens, e de definir todas as outras; e de não provar todas as coisas conhecidas pelos homens, e de provar todas as outras. (OC, III, p. 395)

Por conseguinte, o método geométrico não pode fazer abstração de um convencionalismo e de um construtivismo lógico que lhe dão a base sem a qual não seria nem certo nem convincente. Nem por isso deixa de ser certo que os princípios adquiridos pelo coração são tão claros e evidentes que podem servir de fundamento para demonstrações ulteriores. Tal é o caso do enunciado que diz que um número ou uma quantidade qualquer pode ser aumentado ou diminuído ao infinito. Não obstante, mesmo que a razão não possa conhecer diretamente esses princípios que lhe são comunicados pelo coração (na realidade, ele não pode conhecer nada diretamente: "é uma doença natural ao homem acreditar que possui a verdade diretamente; e daí vem que ele está sempre disposto a negar tudo aquilo que lhe é incompreensível; ao passo que de fato ele não conhece naturalmente senão a mentira", OC, III, p. 404), ela pode pelo menos demonstrar a sua veracidade ou a sua falsidade.

Essa demonstração – e é uma segunda limitação – não pode ser feita diretamente, devendo-se seguir um caminho indireto, que consiste na utilização do raciocínio *apagógico* – procedimento que permite demonstrar a verdade de uma proposição passando pela demonstração do absurdo da tese contrária. A utilização do raciocínio *apagógico* deriva diretamente da situação de decadência em que o pecado original lançou o homem.[20] Essa demonstração prova a veracidade dos princípios que o coração transmitiu ao intelecto e lhe permite, assim, validar conhecimentos que vão muito além daqueles que ele poderia atingir fiando-se apenas em sua potência. Ainda que levando em conta a diferença da noção de natureza presente

---

20. J.-L. Gardies, *Pascal entre Eudoxe et Cantor*, Paris, Vrin, 1984, p. 103. Sobre o raciocínio apagógico, cf. J.-L. Gardies, *Le Raisonnement par l'absurde,* Paris, PUF, 1991.

nos escritos sobre o vácuo e em *Do espírito geométrico*, depois de ter sido confortado em suas convicções pelas experiências de Puy de Dôme, Pascal utiliza o raciocínio apagógico, e isso logo na demonstração da existência do vácuo. Com efeito, ele não demonstra a própria existência do vácuo: limita-se a deduzir que sua existência não comporta absurdidade, destruindo assim todas as experiências convocadas pelo padre Noël em favor da absurdidade da existência do vácuo (cf. OC, II, p. 525).

A exploração do procedimento metodológico para fins apologéticos é visível na demonstração da divisibilidade do infinito, onde argumentos matemáticos se mesclam a considerações religiosas. Segundo vários comentadores, a reflexão sobre o infinito que constitui a substância do fragmento L199 é suscetível de ser ligada a sua pesquisa em geometria, com todas as limitações que ela comporta. Todavia, é preciso se precaver de considerá-lo um iniciador de uma verdadeira concepção do infinito. Esta só será possível com a noção de *infinito atual*, que devemos a Cantor[21], enquanto Pascal, pelo menos nesse fragmento, não discute senão a noção de *infinito potencial*, isto é, dessa capacidade do espírito de ir sempre além de uma quantidade dada.[22]

Mas que reflexões apologéticas e tratados científicos são suscetíveis de convergir para um mesmo fim está explicitamente escrito no tratado *Potestatum numericarum summa*, onde Pascal mostra como um efeito da natureza, "sequiosa de unidade", o fato de poder explorar para fins de demonstração da verdade da religião católica esta ou aquela noção geométrica.[23] Em particular a desproporção

---

21. Cf. J.-P. Belna, *Cantor*, Paris, Les Belles Lettres, 2000, p. 174-7.
22. A esse respeito, cf. J.-L. Gardies, *Pascal entre Eudoxe et Cantor*, op. cit., p. 64-6.
23. Cf. P. Humbert, *L'Œuvre scientifique de Pascal*, Paris, Albin Michel, 1947, p. 175-7.

entre pontos, linhas, superfícies e sólidos representa uma propriedade constante da natureza que se pode encontrar alhures. Assim, a desproporção entre a razão humana e a extensão da natureza, a incapacidade em que o espírito do homem se encontra de conhecer coisas que ultrapassam o conhecimento sensível constitui o ponto de partida para a demonstração da divisibilidade do infinito. Voltando da contemplação de uma infinidade de coisas que continuam sendo incompreensíveis para ele em sua "masmorra", o homem deve estar em condição de entrar numa relação desproporcional com o infinito, quer seja infinitamente grande ou infinitamente pequeno.[24] Essa desproporção não lhe permite remontar na cadeia dos conhecimentos à demonstração dos primeiros princípios:

> o fim das coisas e seus princípios são para ele indizivelmente escondidos num segredo impenetrável. (L199)[25]

O único conhecimento que lhe é permitido é o do meio das coisas. Entretanto, "por falta de ter contemplado esses infinitos, os homens se dedicaram temerariamente à busca da natureza, como se tivessem alguma proporção com ela" (ibidem). Por causa dessa dupla infinitude, tudo se subtrai ao conhecimento do homem, menos algumas aparências que não são, ao fim, senão convenções estabelecidas pelo próprio homem e que nada nos dizem sobre a natureza das coisas:

---

24. A descrição do infinitamente pequeno nesse fragmento é criticada por Méré, que retoma os exemplos de Pascal para demonstrar-lhes a absurdidade: cf. OC, III, p. 356-7. A essa "controvérsia" com seus amigos, homens de bem, sobre a absurdidade para o senso comum de alguns princípios geométricos e matemáticos, seria preciso também ligar os fragmentos sobre o espírito de geometria e o espírito de fineza: cf. L511, L512.
25. Para as interpretações desse fragmento, cf. P. Lønning, *Cet effrayant pari: une "pensée" pascalienne et ses critiques* [Esta aposta espantosa: um "pensamento" pascaliano e seus críticos], Paris, Vrin, 1980.

Conheçamos, pois, o nosso alcance. Somos alguma coisa e não somos tudo. O que temos de ser nos esconde o conhecimento dos primeiros princípios que nascem do nada, e o pouco que temos de ser nos esconde a vista do infinito. (Ibidem)

A condição do homem é ser um meio entre o infinitamente pequeno e o infinitamente grande e um meio entre a miséria e a grandeza. Está situado entre dois extremos que não pode ver e ele próprio é um meio entre a miséria dos animais e a grandeza dos anjos.[26]

Ora, o meio em que ficamos entre o infinitamente pequeno e o infinitamente grande não é definido como uma posição fixa. Antes, como o ceticismo de Montaigne, ele nos leva a ocupar todas as posições, em número infinito, que se encontram entre os dois infinitos:

> vogamos num meio vasto, sempre incertos e flutuantes, levados de um extremo ao outro; qualquer termo a que pensemos nos apegar e nos firmar, balança, e nos deixa, e, se o seguirmos, escapa a nossas tentativas de pegá-lo, desliza por nós e foge em fuga eterna; nada se detém para nós. (Ibidem)

A tomada de consciência da instabilidade do homem e da insuficiência de seus conhecimentos não leva a decretar como vãos os esforços despendidos para melhorá-los. Pascal, enquanto limita a potência da razão, enquanto aponta a desproporção entre a infinidade da natureza e a finitude da razão, considera essa incapacidade como uma

---

26. Cf. G. Canguilhem, *La Connaissance de la vie*, Paris, Vrin, 1989, p. 151, que põe em evidência primeiro a fonte da ambigüidade desse termo, em seguida a sua polissemia e finalmente a concepção orgânica da qual procede.

situação de partida que deve e que pode ser ultrapassada por um trabalho de multiplicação das perspectivas.

Ou ainda, como ele especifica em *Do espírito geométrico:*

> Se olharmos através de um vidro um barco que se afasta sempre diretamente, é claro que o lugar do diáfano onde se nota qualquer ponto que se quiser do navio se erguerá sempre por um fluxo contínuo à medida que o barco foge. Portanto, se o curso do barco continuar a se alongar, e até o infinito, esse ponto se erguerá continuamente; e, no entanto, não chegará nunca àquele onde cairá o raio horizontal puxado do olho ao vidro. De sorte que ele se aproximará sempre sem nunca chegar lá, dividindo sem cessar o espaço que sobrar sob esse ponto horizontal sem chegar nunca a ele. (OC, III, p. 410-1)

Ora, se esse exemplo se insere numa demonstração da divisibilidade ao infinito, sua importância vai além de seu contexto: nova ilustração da extrema fraqueza da natureza humana, dá também *figura*, promissora, à força, limitada mas bem real, dessa fraqueza. Desenvolvendo a metáfora de Pascal, ainda que o barco se afaste ao infinito – aquele ponto que indica o barco não estará nunca na mesma linha que o olho terá marcado no diáfano –, nem por isso é menos certo que assim é indicada a possibilidade de um conhecimento que pode progredir a partir de um ponto fixo, e que designa as coordenadas em torno das quais ele pode se construir. Seguramente, ele nunca será perfeito, pois o olho não coincidirá nunca com o barco, mas poderá aproximar-se de maneira satisfatória.

Vê-se, pois, como a antropologia cristã e o afastamento das posições cartesianas sobre a *mathesis* podem representar dois pontos de entrada no procedimento metodológico de Pascal. A antropologia justifica a pertinência restrita do método geométrico que Pascal se esforça por definir. Se deve limitar-se ao conhecimento de algumas convenções, excluindo assim a possibilidade de conhecer a essência das coisas, e à utilização de um procedimento negativo, é porque a razão corrompida do homem não pode fazer nada mais. Colocando os princípios dessa limitação do conhecimento, Pascal inscreve, disfarçadamente, a própria condição de seu progresso. É verdade que o homem balança entre uma infinidade de perspectivas e de pontos de vista, é verdade que ele não pode operar uma escolha definitiva, mas essa oscilação é também a condição de uma multiplicação infinita dos pontos de vista, de uma acumulação de olhares sobre as coisas que permite melhorar ao infinito o conhecimento.

Além disso, a partir da impossibilidade de uma *mathesis* universal que seria como o reflexo fiel da natureza, duas conseqüências se seguem. A primeira consiste na necessidade da definição de um método que leve em conta os limites intransponíveis da razão humana: como vimos, a geometria responde plenamente a essa exigência. A segunda, que leva à consciência de uma pluralidade de relações que estruturam a natureza, perceptíveis a partir de um número infinito de pontos de vista, anima o que se pode chamar de pluralismo metodológico de Pascal: a realidade, a natureza, compõe-se de vários estratos, de várias relações que, cada uma em seu nível, devem e podem ser captadas segundo procedimentos específicos que levam em conta a *sua* natureza.

4. Opor sem conciliar: o método antitético

Se o método geométrico é válido para demonstrar as verdades já adquiridas e enquanto suporte teórico em que estear as experiências científicas, uma vez que se tiver mudado o domínio da análise, uma vez que não nos interessemos mais pelas relações interiores da natureza, mas que se passar à análise da natureza do homem ou das relações do homem com a natureza, será preciso mudar o método. Isso não quer dizer, a nosso ver, que Pascal substituirá um método insuficiente por outro mais apropriado: antes, usará um como complemento do outro. As aquisições do método geométrico servirão de base em que se apoiar para ganhar outro ponto de vista: no caso, um ponto de vista metodológico.

Este método novo, esta nova base para o conhecimento, é o método dialético ou antitético[27], característico de tantos "pensamentos" de Pascal, que consiste em opor diretamente, a respeito de um mesmo assunto, duas ordens de razões cuja conciliação é impossível.[28]

Ora, esse método estuda as oposições que concernem

> ora ao ser, ora ao conhecer, isto é, dão lugar a duas séries de considerações, umas sobre o estatuto ontológico do homem (antropologia); outras sobre a verdade e o erro, e sobre a distância e as relações entre os julgamentos de valores (axiologia). [...] Mas é inevitável que essas duas orientações tendam a se aproximar ou até a se juntar: o aspecto epistemológico aparece como inseparável do aspecto ontológico [...] Melhor ainda: esse problema epistemológico não é sem relações com o da antropologia, do estatuto ontológico do homem, e finalmente do destino do homem.[29]

---

27. Cf. H. Davidson, "Le Pluralisme méthodologique chez Pascal", in *Méthodes chez Pascal*, Atas do Colóquio de Clermont Ferrand, 10-13 de junho de 1976, Paris, PUF, 1979, p. 21-6.
28. É claro que o método dialético de Pascal nada tem a ver com a dialética hegeliana. Cf. B. Timmermans, *Hegel*, Paris, Les Belles Lettres, 2000 [ed. bras.: *Hegel*, São Paulo, Estação Liberdade, 2005].
29. J. Pucelle, "La Dialectique du renversement du pour au contre et l'antithétique pascalienne" [A dialética da inversão do por pelo contra e a antitética pascaliana], in *Méthode chez Pascal*, op. cit., p. 446.

Vale dizer que Pascal aplica a antitética tanto ao homem para definir, ou simplesmente para fazê-lo entender, o seu verdadeiro estado, como ao conhecimento da natureza, tanto à moral como às ciências da natureza. Esta última aplicação, embora fazendo apelo às mesmas necessidades de clareza e de evidência – numa palavra de ausência de equívocos –, repousa numa abordagem que não está em contradição com a do método geométrico. Além disso, na constituição de sua dialética, Pascal não separa os dois domínios concorrentes, conhecimento do homem e conhecimento da natureza, pois o primeiro campo fixa os limites que o segundo não pode ultrapassar, e este, em retorno, indica não apenas a realidade do homem, mas lhe serve também de índice para compreender o seu estatuto ontológico e o seu destino (cf. L119 até L130).

A natureza inteira é, por assim dizer, inatingível ao homem se este não for capaz de se içar a um nível que ultrapasse o conhecimento fundamentado no senso comum. É aí que a antropologia e a ontologia se desdobram em epistemologia. A partir do conhecimento do homem como ser que não possui a solução de suas contrariedades em si mesmo, esboça-se então a necessidade de conquistar um ponto de vista superior sobre a sua natureza e sobre a própria natureza: a epistemologia pode tomar outra saída. Assim, no fragmento L199, é uma antropologia e uma epistemologia que são postas em jogo ao mesmo tempo. A conquista de um ponto de vista superior não se pode dar senão passando pelo estabelecimento dos contrários e pelo enclausuramento do campo das possibilidades no qual esses contrários se situam.

O primeiro texto em que vamos captar a colocação em prática dessa dialética é *Entretien avec M. de Sacy* [Conversa com o sr. de Sacy], onde as oposições pascalianas se situam no âmbito da antropologia e, pois, da natureza do homem. É passando pela oposição entre os dois atos dos "estóicos" e dos "pirrônicos", representados respectivamente por Epicteto[30] e Montaigne, que Pascal se propõe descobrir a verdadeira natureza do homem.

5. A *dialética moral*

Epicteto ensina a humildade ao homem confrontando-o com todos os males que o cercam (Mengotti, p. 95-6; OC, III, p. 132-3). À consciência da fraqueza do homem acrescenta-se o orgulho e a presunção de pensar que os meios para melhorar a sua situação estão completamente em seu poder. Epicteto não leva absolutamente em conta a ferida que o pecado original infligiu à vontade e ao espírito humano. Por causa dessa ignorância, ele pode pensar que o homem, apenas por seus meios, está em condição de escolher o caminho de sua salvação. Aí está, segundo Pascal, a fonte principal do erro de Epicteto, que notou no homem "alguns traços de sua primeira grandeza", mas, por ter ignorado "a sua corrupção, tratou a natureza como sã e sem necessidade de reparador" (Mengotti, p. 124; OC, III, p. 152).

Contrariamente a Epicteto, Montaigne, enquanto pirrônico, "provando a miséria presente e ignorando a primeira dignidade, trata a natureza humana como necessariamente enferma e irreparável, o que o precipita na desesperança de chegar a um verdadeiro bem, e daí a uma extrema covardia" (ibidem). A dúvida de Montaigne o conduz a mostrar que não há nenhuma certeza, em lugar algum, e que não há valor superior ao de fundar a sua própria certeza, "sendo iguais de parte a parte as aparências, não se

---

30. Epicteto (50-125), escravo libertado por Nero, que se tornou discípulo da escola estoicista, cujos *Colóquios* foram reunidos por seu discípulo Arriano, a quem se deve igualmente um resumo da doutrina estóica conhecido como *Manual de Epicteto*.

sabe onde assentar a crença" (Mengotti, p. 101; OC, III, p. 137). Diferente de Epicteto, que ocupa uma posição errônea mas única, Montaigne abraça ao mesmo tempo todas as posições possíveis sem poder decidir-se por uma ou por outra:

> É nessa base, por mais flutuante e cambaleante que seja, que ele combate com uma firmeza invencível os hereges de seu tempo, sobre se assegurarem eles de conhecer sozinhos o verdadeiro sentido da Escritura; e é daí ainda que ele fulmina mais vigorosamente a impiedade horrível daqueles que ousam garantir que Deus não existe. (Mengotti, p. 103; OC, III, p. 139)

Epicteto oferece uma perspectiva e uma posição firmes, mas errôneas, ao homem; Montaigne oscila sem cessar entre todas as posições possíveis. Enquanto Epicteto levanta o homem, Montaigne "precipita-o na natureza dos animais pelas dos pirrônicos" (Mengotti, p. 118; OC, III, p. 148). Montaigne e Epicteto opõem-se, pois, constantemente pelo fato de suas duas posições constituírem as extremidades entre as quais oscilam todas as posições morais.

Todavia, eles tocam numa verdade parcial sobre a qual é preciso apoiar-se para entender em que consiste a verdadeira moral. No retrato do homem que um e outro desenham, existe algo verdadeiro e algo falso. A presença simultânea do verdadeiro e do falso é o dado a se levar em consideração para encontrar a moral correta. Mas como compreender qual é a parte do falso e qual é a parte do verdadeiro nas descrições de Montaigne e de Epitecto? Onde encontrar um ponto fixo que permita estabelecer a diferença entre o verdadeiro e o falso? Essa questão é de fato secundária em relação à constatação de que, para poder se perguntar o que é verdadeiro e o que é falso em Montaigne ou em Epitecto, é preciso já ter a consciência de que pode haver verdadeiro e falso, isto é, de que nem tudo é verdadeiro nem completamente falso. Noutros termos, para pensar que, num como no outro, verdade e falsidade se misturam, é preciso ocupar um lugar situado num plano que permita captar de uma só vez as posições de Epicteto e de Montaigne.

Pascal resolve esse problema considerando as doutrinas dos "estóicos" e dos "pirrônicos" como fenômenos da natureza em relação a Deus, quer dizer, imagens da verdadeira moral (Mengotti, p. 122-3; OC, III, p. 151-2). Como a natureza pode ser uma imagem da verdadeira natureza perdida depois do pecado original, a moral humana também – todas as morais produzidas pelo homem – pode ser uma imagem da verdadeira moral: nela se encontram caracteres que, não sendo mais que imagens da verdadeira perfeição, mesclam perfeições e imperfeições. Não sendo as perfeições dessa moral humana senão a representação das verdadeiras perfeições, elas não são, entretanto, senão a superfície vazia destas, o véu que esconde a verdade da moral.

Se, pois, esses dois erros separados não comportam nenhuma vantagem, a sua conciliação pode levar o homem para a única moral digna dele. Mas que se deve entender por conciliação, nesse contexto? Certamente não uma correção recíproca dos erros de um através da integração das verdades do outro. Pelo contrário, essa oposição e essa inconciliabilidade devem ser mantidas e levadas ao mais alto grau, pois é da impossibilidade de encontrar uma posição mediana que o homem pode ser conduzido a olhar as coisas de um ponto de vista diferente, situando-se onde se pode abraçar o plano de produção do espírito humano.

Epitecto e Montaigne, "um estabelecendo a certeza e o outro a dúvida, um a grandeza do homem e o outro a sua fraqueza, [...] arruínam as verdades tão bem quanto as falsidades de um e de outro" (Mengotti, p. 125; OC, III, p. 153), o que torna impossível qualquer conciliação de suas posições. Demonstrando a sua inconciliabilidade, eles fecham o espaço dos possíveis e tornam necessário o recurso a uma verdade outra, superior, a verdade do Evangelho. Adotando-se esse ponto de vista superior, podem-se conciliar as verdades de um com as do outro, pois, "utilizando tudo o que há de verdadeiro e expulsando tudo o que há de falso", permite unir "esses opostos que eram incompatíveis nas doutrinas humanas" (Mengotti, p. 126; OC, III, p. 154).

Só quando nos situamos no ponto de vista do Evangelho é que se pode captar, de uma parte, quais são as verdades e os erros de Epitecto e de Montaigne e, de outra, o método para conciliar as suas contradições.

> Eis a união admirável e nova que só um Deus podia ensinar, que só ele podia fazer, e que não é senão uma imagem e um efeito da união inefável de duas naturezas na única pessoa do Homem-Deus. (Ibidem)

A dialética pascaliana atinge o seu ponto de acabamento parcial na necessidade de conquistar um ponto de vista superior que integre de maneira específica as diferentes doutrinas humanas. A busca de um ponto fixo para os julgamentos morais que anima o discurso sobre a moral nos *Pensamentos* (L697) encontra uma resposta parcial na *Conversa com o sr. de Sacy*: o ponto fixo moral encontra-se no Evangelho. O que não aparece nessa *Conversa* são as obrigações a que é preciso se submeter para poder ocupá-lo.

6. Ordenar o conhecimento: a pesquisa do ponto fixo

A necessidade de conquistar um ponto de vista a partir do qual ordenar o conhecimento – e vimos como Pascal organiza a sua busca e a definição na moral – é interior a uma pesquisa que ele efetuou desde os seus primeiros trabalhos matemáticos.[31] O ponto fixo não é apenas um paradigma óptico, mas uma metáfora que abrange o conjunto dos modelos físicos, matemáticos, combinatórios, geométricos, mecânicos, analisados a cada vez em função de sua capacidade de ordenar e de estabilizar o conhecimento.

A busca de uma ordem do conhecimento se inscreve na *episteme* daquele século obcecado pela necessidade da ordem[32], à qual Pascal, por sua pesquisa do ponto fixo, pertence plenamente. Essa obsessão se justifica pela revolução cosmológica que desloca completamente, não apenas as crenças, mas sobretudo o quadro racional em cujo interior se exerce o conhecimento. Para dizê-lo com o título de uma obra célebre de A. Koyré, no século XVII, passa-se de "um mundo fechado a um universo infinito".[33] Esse deslocamento engendra outra mudança igualmente fundamental, pois, "segundo o Universo seja infinito ou o Mundo finito, o Mundo está centrado ou o Universo está descentrado".[34] A abertura para o infinito do

---

31. Sobre o ponto de vista, cf. P. Magnard, *La Clé du chiffre* [A chave do número], Paris, Ed. Universitaires, 1980, p. 85-7.
32. J. Prigent, "La Conception pascalienne de l'ordre", in *Ordre. Désordre. Lumière* [Ordem. Desordem. Luz], com introdução de J. Wahl, Paris, Vrin, 1952, p. 190-209: "Descartes será obcecado pela preocupação da ordem: ele formula regras para a direção do espírito; em toda pesquisa, científica ou moral, sua ousadia se esteia na meditação dos métodos. A consciência cristã interroga-se sobre a ordem do mundo" (p. 190).
33. Cf. A. Koyré, *Du monde clos à l'univers infini*, Paris, Gallimard, 1973. [Ed. bras.: *Do mundo fechado ao universo infinito*, trad. Donaldson M. Garschagen, Rio de Janeiro, Forense Universitária, 2006.]
34. M. Serres, *Le Système de Leibniz et ses modèles mathématiques*, Paris, PUF, 1968, p. 649.

Universo, inscrita na cosmologia képlero-galileana, conduz pois a outras interrogações concernentes primeiro à existência de um centro e, em seguida, à posição desse centro. A questão da existência do centro engaja, na realidade, "toda a ciência, a visão global do mundo e o destino do homem".[35] É por isso que Kepler ocupa um lugar muito mais importante do que Copérnico, pois a sua preocupação era não a de saber ou de situar o centro do universo, mas a de entender se havia um. Do ponto de vista mais estritamente científico, a maior importância de Kepler reside no fato de que este introduz orbes elípticos substituindo os orbes circulares e a perfeição da esfera e do círculo na escala dos valores, obrigando, desse modo, a astronomia "a buscar nas matemáticas outras leis harmônicas que não as da circularidade".[36] Essa harmonia e essa regularidade serão encontradas na geometria dos cones. O que desloca a questão do ponto fixo para um problema de óptica e de perspectiva: a reflexão não pode mais levar em conta o centro do círculo, mas deve encontrar outras leis que definam outros modelos, permitindo-lhe localizar um ponto que tenha as mesmas qualidades e as mesmas funções que o ponto fixo representado pelo centro do círculo. Esse novo sistema é determinado também pela óptica e pela geometria das cônicas em que ela busca subsídios. Assim, Kepler pode determinar o privilégio do ponto fixo de maneira nova:

> Se perdemos o nosso privilégio no sistema excêntrico local, conservamo-lo em relação a um grande círculo da esfera dos fixos: se não estamos no centro, pelo menos o nosso sistema está nele. Para uma conclusão de eqüidistância – pelo menos no sentido amplo –, temos aqui um

---
35. Ibidem, p. 651.
36. Ibidem, p. 654.

raciocínio de perspectiva; para demonstrar a posição central, é preciso passar pelo ponto de vista, e fazer variar o ponto de vista: para salvar a esfera, é preciso passar pelo cone.[37]

Assim, o ponto fixo tornou-se um ponto de vista:

> agrupado em torno dele, constrói-se todo um sistema de pensamentos, que permite meditar sobre a aparência e a realidade, a percepção e a razão, até mesmo sobre a natureza do espírito. Além disso, esse sistema novo tem o mérito imenso de dobrar o infinito a suas leis: graças a ele, uma mesma razão ordena uma curva fechada e uma configuração com ramificações infinitas...[38]

Embora se engajando com seus contemporâneos na busca da ordem perfeita, conforme sua inspiração agostiniana, Pascal dá a esse termo dois sentidos. A ordem "designa um setor determinado da pesquisa do ser", como em L933, em que a natureza é dividida em ordem da carne, ordem do espírito e ordem da caridade; mas esse termo indica também uma série de operações do intelecto que garantem a verdade da pesquisa, limitando-a a uma esfera determinada (L308). Pascal destina essa função ao método gerador de todos os centros de gravidade citados na carta a Carcavi (1603-84):

> Eu vos revelarei, além disso, o meu método geral para os centros de gravidade, que vos agradará muito mais por ser mais universal; pois serve igualmente para encontrar

---

37. Sobre Kepler, veja-se A. Koyré, op. cit., p. 87-99; cf. P. Rossi, op. cit., p. 183-4.
38. M. Serres, op. cit., p. 656.

os centros de gravidade dos planos, dos sólidos, das superfícies curvas e das linhas curvas. (OC, IV, p. 413)

O que quer que aconteça com essa dificuldade ulterior, todos os elementos da cosmologia da Idade Clássica se encontram em Pascal: necessidade de uma ordem, deslocamento de uma geometria do círculo para uma geometria do cone, organização do conhecimento em função de um ponto de vista antes de tudo "óptico", tomando o lugar de critério para o posicionamento de valores; e, a partir daí, reflexão sobre a natureza enquanto duplo sistema de realidade.

Todavia, se a pesquisa de Pascal encontra a sua fonte na necessidade de ordem que caracteriza o século XVII, ela vai bem adiante dessa perspectiva cosmológica. A preocupação de Pascal é dupla, como poderemos verificar à leitura de seus escritos geométricos: por um lado, encontramos aí uma utilização de todos os conceitos geométricos que a nova cosmologia permite fixar e, por outro, assiste-se ao transbordamento da simples dimensão científica rumo à busca da dimensão simbólica que esses conceitos podem ter no quadro da apologia da religião católica. O que não quer dizer que haja uma instrumentalização da ciência para fins apologéticos, mas que, a cada vez que ele entrevê a possibilidade, Pascal apressa-se em ressaltar o alcance simbólico de seus trabalhos científicos – o que é constante quando se trata do ponto fixo. Se esse procedimento nos interessa, não é tanto por si mesmo quanto pelo fato de que leva Pascal a definir um método específico.

Essa dupla direção de pesquisa, característica do procedimento de Pascal, tende a fazer de cada tentativa de definição um modelo referencial, o momento de uma descoberta e de aplicação de um método que descobre, na porção de natureza submetida à análise, a presença transcendente e simbólica da divindade. Os teoremas de Pascal podem então ser lidos tanto como descobertas científicas como tentativas de interpretação da natureza, a partir da consciência da existência de uma ordem sobrenatural e parcialmente manifesta que concerne a todos os fenômenos.

Assim, a pesquisa do ponto fixo, por um lado, tende a percorrer a natureza em busca de um modelo metodológico confiável e aplicável ao conhecimento da própria natureza; por outro lado, ela representa uma penetração na natureza entendida, desta vez, como conjunto de símbolos da presença parcial da divindade, de que é preciso reconstituir integralmente a presença. Além disso, fazendo do ponto fixo um paradigma óptico-pictural, um ponto de vista ideal que o sujeito deve ocupar para captar o conjunto da representação, Pascal leva também em conta a outra tarefa que a perspectiva lhe aponta, a de ser o ponto a partir do qual a representação se engendra segundo as suas regras de construção.

Há, pois, uma pesquisa sobre o ponto fixo enquanto paradigma óptico, mas há também uma pesquisa sobre o ponto fixo enquanto paradigma gerador do conhecimento.[39] Tal parece ser, de fato, a função de duas figuras bastante particulares da reflexão de Pascal que são, de um lado, a figura chamada por Desargues "a Pascal" e por Leibniz "hexagrama místico", e, de outro lado, o modelo de geração das figuras engendradas pelo encontro de um plano e de um cone quaisquer.

O teorema do hexagrama místico encontra a sua formulação primitiva no primeiro lema do *Ensaio sobre as cônicas*, que estabelece que as retas que prolongam os

---

39. Cf. Ch. Lazzeri, *Force et justice dans la politique de Pascal*, op. cit., p. 107-10. A propósito da perspectiva pictural, remete-se ao estudo fundamental de H. Damisch, *L'Origine de la perspective*, Paris, Flammarion, 1993.

lados opostos de um hexágono inscrito numa circunferência encontram-se numa mesma linha no infinito. Essa reta representa o lugar originário de um conjunto de retas concorrentes. A se querer interpretar simbolicamente esse lema, poder-se-ia dizer que as oposições visíveis e inscritas na ordem de uma circunferência são reconduzíveis e compreensíveis somente a partir da ordem estabelecida por sua origem comum. Essa reta que funciona como ponto de encontro é ao mesmo tempo a origem de retas concorrentes, assim como a sua geratriz: é, de fato, desse lema que Pascal poderá deduzir ainda quatrocentos corolários referentes às cônicas (OC, II, p. 239).

Mas é na *Generatio Conisectionum* que a *geração*, como conceito capaz de explicar a ordem das coisas, toma uma dimensão diferente e que esse conceito é tematizado enquanto tal.

Nesse texto, Pascal, a partir da definição do cone, explica como o encontro entre um plano e um cone gera uma série de figuras que refletem as diversas posições desse plano em relação ao próprio cone: ponto, linha, ângulo retilíneo, hipérbole, parábola, antóbole (elipse) são figuras que derivam justamente desse encontro (OC, II, p. 1110-1).

Dadas todas essas figuras, Pascal deduz as primeiras conseqüências segundo um modelo que é explicitamente óptico:

> Se o olho estiver no topo do cone, se o objeto for a circunferência do círculo que está na base do cone, e se o quadro for o plano que encontra de parte a parte a superfície cônica, então, a cônica que será gerada por esse plano sobre a superfície cônica, seja ponto, seja reta, seja ângulo, seja antóbole, seja parábola, seja hipérbole, será a imagem da circunferência do círculo. (OC, II, p. 1112)

A imagem de um ponto fixo que se projeta sobre um plano tem também uma função metafórica: pode designar a projeção da caridade no plano da natureza. Nesse plano, a natureza será a imagem de Deus, mas será apenas a sua imagem. Todos os corolários desse teorema parecem justificar tal interpretação, que leva em conta o alcance simbólico das definições geométricas. Segundo as figuras geradas pelo encontro entre o plano e o cone, a projeção será finita ou infinita. Por exemplo, no caso da antóbole, "é manifesto que todos os pontos da circunferência projetam suas imagens sobre o plano do quadro da cônica a distância finita", e que, portanto, a antóbole "volta sobre si mesma e abraça um espaço finito" (ibidem). Ou então, no caso da parábola, "é manifesto que todos os pontos da circunferência do círculo projetam as suas imagens sobre o plano da cônica a distância finita, exceto um ponto, que não tem imagem, senão a distância infinita" (ibidem).

Quando se interpretam os estudos sobre as cônicas, e se leva em conta o seu eventual alcance simbólico, a presença de um duplo regime de signos – constituído o primeiro pelos pontos da circunferência e o segundo pelas projeções dos pontos da circunferência sobre o plano –, pode tomar uma significação suscetível de ser ampliada e valer por uma interpretação geral da natureza. Entre esses dois regimes semânticos, há uma relação de figuração e de correspondência que faz que cada projeção da circunferência produza um signo ou uma curva diferentes sobre o plano segundo a inclinação desse mesmo plano. Assim, as projeções da circunferência, símbolo da projeção divina, no plano da natureza, alteram sempre a sua perfeição. Mas a diversidade das figuras geradas pelas projeções permite também dar uma interpretação mais complexa dessa relação de figuração, pois, se é verdade que existem seis tipos de projeções, é também verdade que essas seis projeções básicas funcionam, na realidade, como padrões, como os modelos de todas as projeções possíveis cujas características se poderão medir.

Pascal constrói um sistema de harmonia que, baseando-se nas leis deduzidas do estudo das cônicas, toma o lugar das regularidades impostas pela simbólica cosmológica do círculo e da circunferência. Esse novo sistema permite-lhe atingir vários resultados: em primeiro lugar, dá-lhe um conjunto de regras e de leis que ordenam de outro modo o mundo em função de sua proximidade com as leis da caridade divina. Em seguida, pela utilização da geometria projetiva, integra numa explicação única fenômenos díspares (linhas finitas e infinitas, curvas abertas e curvas fechadas). Por fim, esse novo sistema lhe permite, por um lado, integrar o seu método dialético à sua teoria da natureza enquanto figuração de Deus e, por outro, dar-se as ferramentas teóricas necessárias para prosseguir a pesquisa da ordem e da figuração.

Outro exemplo, mais manifesto, dessa relação de figuração entre ordens diferentes, que nos permite captar melhor o seu alcance simbólico e as suas conseqüências no pensamento de Pascal, é-nos oferecido pela *Solução dos quadrados mágicos*, texto anônimo publicado em apêndice aos *Novos elementos de geometria*, de Arnauld, mas que se pode atribuir a Pascal. Um quadrado mágico é composto por uma série de números dispostos de tal maneira que a soma – chamada de *constante* – das linhas horizontais, das colunas verticais e das duas diagonais seja sempre a mesma. Esse jogo com os números não é novo e a sua solução era bem conhecida na época de Pascal.[40] Mas o nosso autor propõe uma que é muito interessante, pois, ainda uma vez, é suscetível de interpretação simbólica. Quatro razões justificam essa eventualidade:

---

40. J. Darriulat, *L'Arithmétique de la grâce: Pascal et les carrés magiques*, op. cit., p. 10.

a) Pascal procede, ao arrepio das soluções tradicionais, colocando em evidência uma seqüência de ordens mais ou menos escondidas no quadrado natural a partir da definição de uma ordem constituída pela simples progressão numérica das cifras.[41] A partir das simetrias dos quadrados naturais, e principalmente das leis que os regem, Pascal pode construir os quadrados mágicos (que, na realidade, são quadrados mágico-mágicos). A solução da construção dos quadrados mágicos passa pela desconstrução da ordem dos quadrados naturais. A conversão de uma ordem na outra se faz sempre a partir da ordem natural.

b) A ordem natural em si mesma é perturbada por assimetrias que devem ser restauradas antes de se poder considerá-las como base da solução.[42]

c) O fato de se buscar no quadrado natural a solução permite, de certo modo, fazer do centro a chave dessa solução. O centro dos quadrados funciona como ponto de equilíbrio das correspondências que se estabelecem em cada quadrado e, no interior de cada quadrado, entre os recintos ou as bandas.

d) Os dois quadrados, natural e mágico, são como um conjunto formado por um texto cifrado e, portanto, a ser interpretado, e de sua chave. A chave, o quadrado mágico, está em condição de restaurar, no quadrado natural, a simetria perturbada. Em todo caso, o centro funciona como ponto fixo no tratado das cônicas, isto é, como mediação dos contrários.[43]

A colocação em evidência do nível metafórico dos teoremas geométricos nos conduz, assim, a efetivar um passo

---

41. "Chamo de *quadrados naturais* aqueles em que os números estão dispostos em progressão aritmética, começando pelos menores." *Solução de um dos mais célebres e mais difíceis problemas de aritmética, chamado comumente de quadrados mágicos*, in OC, IV, p. 1585.
42. Ibidem, p. 18.
43. Ibidem, p. 47.

suplementar em relação à noção de natureza e em relação à definição e à utilização de um novo método.

7. A *hermenêutica da natureza*

Embora permanecendo no interior do quadro de pesquisa constituído pela definição de um ponto fixo do conhecimento, moral ou científico, as mudanças na noção de natureza, que vimos encetar-se do *Tratado sobre o vácuo* ao opúsculo *Do espírito geométrico*, são ainda mais sensíveis quando nos referimos à carta aos Roannez do fim de outubro de 1656 e a fragmentos dos *Pensamentos* que estabelecem um laço entre a natureza e a Escritura. Este último deslocamento da noção de natureza liga-se justamente a uma nova definição das relações entre natureza e Escritura.

Com efeito, como já observamos, no *Prefácio – Sobre o tratado do vácuo*, natureza e Escritura diziam respeito a duas esferas de verdades distintas e separadas, ao passo que nos textos geométricos a natureza comporta, com a Escritura, um duplo regime de verdades; com efeito, ela é ao mesmo tempo *res* (coisa) e *signum* (signo):

> a natureza objeto de um conhecimento físico que tinha por função unificar numa explicação uma série de efeitos [...] é substituída por uma consideração da natureza segundo uma estrutura de manifestação/ocultação, onde as coisas nos escondem como coisas o que elas nos descobrem como signos, e que engaja doravante o problema de uma elucidação última de seu sentido verdadeiro.[44]

---

44. Y. C. Zarka, op. cit., p. 79. Que a natureza seja um texto cifrado de que é preciso encontrar as chaves é uma idéia espalhada no meio de Port-Royal. Cf. A. Arnauld, *Règles du bon sens* [Regras do bom senso], op. cit., art. 3, p. 165-6.

Um conhecimento de tipo físico ou geométrico é substituído por uma interpretação que trata a natureza como um *texto* composto segundo os princípios que conduziram a "redação" da Bíblia. Por conseguinte, a interpretação da natureza não pode se operar senão utilizando um método hermenêutico que repouse nos princípios de deciframento que conduzem a exegese bíblica. É necessário, pois, mostrar quais são os princípios dessa hermenêutica bíblica para compreender, em seguida, como ela pode ser aplicada à interpretação da natureza. As noções em que repousa são essencialmente duas: a noção de figura – duplicada pelo conceito de cifra – e a de concordância dos contrários.

No que respeita à noção de figura, ela não é definida em lugar algum, mas, no maço XIX, há suficientes ocorrências para poder descrever algumas de suas características. A comparação entre L260 ("Um retrato traz ausência e presença, prazer e desprazer. A realidade exclui ausência e desprazer") e L265 ("Figura traz ausência e presença, prazer e desprazer. Cifra com duplo sentido. Um claro em que é dito que o sentido está oculto"), permite deduzir um primeiro critério de distinção: a realidade exclui a ausência e o desprazer, ao passo que a figura é feita de presença e de ausência, de prazer e de desprazer, pois, como coisa, como *res*, ela comporta presença e prazer, e, como *signum*, comporta ausência e desprazer. *Tudo que comporta uma função de signo e de coisa é e não pode ser senão figura* (L259).

Mas, nesse fragmento, Pascal destaca também outra característica da figura, ou, pelo menos, outro índice de sua existência. Quando a Escritura apresenta passagens que se contradizem, as coisas de que ela fala não podem ser senão figurativas. Esse princípio hermenêutico é suscetível de ser generalizado. De fato, já o vimos em operação no colóquio com o sr. de Sacy a propósito das contrariedades presentes nas doutrinas de Montaigne e de Epitecto. Pascal escolhe Montaigne e Epicteto como exemplos de filósofos, pois representam os extremos opostos de todo o arco de posições filosóficas e, como tais, anulam-se. Um retrato da filosofia servindo-se dos traços de um e de outro levaria a ressaltar todos os erros que se anulariam assim. A presença de tal núcleo de contradições deve ser o sinal da existência de uma verdade que não pode ser captada se nos mantivermos no âmbito das verdades da filosofia.

Mas como a concordância entre passagens contrárias pode acontecer? Em primeiro lugar, devemos notar que, para Pascal, é absolutamente necessário encontrar essa concordância, sem a qual não há sentido num autor (L257).

O caminho dessa concordância passa pela consideração de que há passagens que são figurativas e outras que não são. Segundo Pascal – esse é outro princípio hermenêutico segundo o qual: "quem quer dar o sentido da Escritura e não o toma da Escritura é inimigo da Escritura" (L251) –, a própria Escritura nos indica que há duas maneiras de compreender se uma passagem é ou não figurativa. As passagens ambíguas, ou que levantam problemas, são de dois tipos. Em primeiro lugar, as passagens que apresentam uma falsidade evidente, como aquelas em que Deus fala como um homem. Essas passagens que, tomadas literalmente, são falsas, devem ocultar outro sentido:

> quando a palavra de Deus, que é verdadeira, é falsa literalmente, é verdadeira espiritualmente. (L272)

Com efeito, pois Deus não pode mentir, as passagens que apresentam uma contradição com a sua natureza não devem ser consideradas segundo o sentido literal, mas devem ser interpretadas na busca de seu sentido espiritual

(L268). Em segundo lugar, é preciso considerar como figurativos os textos que não se propõem o objetivo explícito do amor de Deus. Pois, segundo outro princípio hermenêutico: "tudo que não vai à caridade é figura" (L270). Pois "o único objeto da Escritura é a caridade". Se houver passagens que não vão diretamente à caridade, é que escondem um sentido espiritual que é, em contrapartida, destinado à caridade.

À medida que Pascal muda o conceito de natureza e encara outras relações internas para esta, sejam entre a natureza e a natureza do homem ou entre a natureza e a Escritura, ele define novos princípios metodológicos. Enquanto o método geométrico era destinado à análise das convenções e à demonstração dos princípios primeiros da física e das matemáticas, e o método antitético se propunha colocar em evidência as relações entre o homem e a natureza, a hermenêutica pascaliana retorna para a natureza tratando-a como um texto a ser interpretado. A antitética e a hermenêutica não são possíveis, todavia, senão na medida em que podem levar à definição de um ponto fixo que, por ser perseguida em dois contextos diferentes, não muda, entretanto, de função. Na antitética, o ponto fixo é o ponto a partir do qual se podem conciliar doutrinas filosóficas opostas, ao passo que, na hermenêutica, é o ponto que permite desenvolver a interpretação correta da natureza considerada como texto: nem por isso deixa de ser verdade que a sua definição deve permitir a conciliação de dados que são à primeira vista opostos ou até contraditórios. Todavia, uma questão permanece inexplorada: onde se encontra então esse ponto fixo? Noutros termos, o que pode ocupar esse ponto fixo?

Tentaremos encontrar a resposta para essas questões a partir da análise das relações dos homens com o conhecimento de Deus. Se a natureza não manifesta a presença de Deus é porque os homens não são todos iguais. Assim, os judeus e os cristãos não têm o direito à mesma verdade, tendo em vista a sua diferença histórica:

> Não tendo Deus desejado desvendar essas coisas àquele povo [os judeus] que era indigno disso, e tendo desejado, entretanto, produzi-las a fim de que fossem acreditadas, predisse-lhes o tempo claramente e às vezes as exprimiu clara, mas abundantemente em figuras, a fim de que aqueles que gostavam das coisas figurantes nelas se detivessem e aqueles que gostassem das figuras nelas as vissem. (L270)

Os judeus, diz Pascal, são carnais e estão condenados a não ver o sentido espiritual que está oculto na Escritura, ao passo que os cristãos, tendo acreditado na vinda do Messias e principalmente na mensagem de Paulo, sabem que "o reino de Deus não consistia na carne, mas no espírito" (L270) e que, pois, por baixo do que é manifesto, esconde-se um sentido espiritual. Oposição clássica entre a Letra e o Espírito, entre a leitura legalista (judia) e a leitura alegórica (cristã) da Escritura. Mas, a essa distinção diacrônica que desempenha um papel fundamental na economia da apologia da religião, Pascal acrescenta uma distinção sincrônica que divide os homens em dois grupos: os que vivem segundo a carne e os que vivem segundo a caridade. Não se trata, é óbvio, de imaginar que essas quatro categorias são homogêneas: entre os cristãos, há representantes dos dois grupos (cf. L255).

A necessidade dessa estrutura de manifestação/ocultação do sentido deriva da divisão dos homens em bons e maus. E é por isso, entre outras coisas, que não se pode provar a existência de Deus pela natureza. Porque, se os pássaros provam Deus ("E vós não dizeis que o céu e os pássaros são a prova de Deus? Não. E vossa religião não o diz? Não", L3) ou se alguns autores canônicos tivessem usado a natureza para provar Deus, o que nunca aconteceu ("É uma coisa admirável que nenhum autor canônico se tenha servido da natureza para provar Deus", L463), a natureza seria, na realidade, um livro aberto diante dos olhos de todos, ou melhor, o sentido estaria ao alcance de todos, bons e maus.[45] Se, em contrapartida, o sentido se esconde, a atividade de interpretação não pode ser da alçada de todos, mas somente de uma categoria específica de pessoas, cujas características vamos examinar.

8. Quem interpreta?

Lembremos uma vez mais a extrema dificuldade dessa tarefa hermenêutica por causa da variação e da variabilidade da posição correta, do ponto de vista entre o demasiado ou o pouco demais, que marca um número considerável de fragmentos:

> quando se lê demasiado rápido ou devagar demais não se entende nada. (L41; cf. L558)

A retomada da metáfora do barco é, sob esse ponto de vista, significativa:

> O porto julga aqueles que estão no barco, mas onde tomaremos um porto na moral? (L697; cf. L21)

Em geometria, existem leis que indicam o ponto fixo, mas não existem nem no conhecimento da natureza em geral, nem no da verdade ou da justiça. De fato, Pascal

---

45. Cf. H. Bouchilloux, "La Critique des preuves de l'existence de Dieu et la valeur du discours apologétique" [A crítica das provas da existência de Deus e o valor do discurso apologético], *Revue Internationale de Philosophie*, nº 1, "Pascal philosophe", março de 1997, p. 5-30.

destaca que "a justiça e a verdade são duas pontas tão sutis que os nossos instrumentos são muito embotados para nelas tocar com exatidão. Se conseguem, esmagam-lhes a ponta e apóiam-se ao redor mais no falso do que no verdadeiro" (L44). Pode-se dizer que Pascal considera quase impossível isolar o ponto de vista correto que representa a justiça ou a verdade[46], o que equivale a dizer que não há interpretação correta possível no que concerne ao justo e ao verdadeiro. Mas, caso se converta a questão da posição do ponto fixo na da definição do bom intérprete, a definição do ponto fixo se torna totalmente possível. Pois, para Pascal, o modelo do intérprete perfeito existe e é Jesus Cristo. Com efeito, por um lado, Pascal afirma que "não só é impossível, mas inútil conhecer Deus sem J. C." (L191; cf. L189), e, por outro lado, ele repete que, se o conhecimento de Jesus Cristo é indispensável, é porque ele está no meio, entre Deus e o homem (L192). Ele é o mediador e o intérprete perfeito, porque nele coabitam harmoniosamente o finito e o infinito, a grandeza e a miséria, os contrários entre os quais o homem oscila sem chegar a encontrar um ponto estável. O modelo do intérprete de que devemos nos inspirar é, pois, Jesus Cristo. Quem pode (pretender) encarná-lo?

Se é claro que a figura de Jesus Cristo indica o conjunto dos caracteres que é preciso possuir para interpretar corretamente a natureza, não se deve concluir que todos estão em condição de se apropriar deles. Toda a natureza pede para ser interpretada, mas, assim como na Escritura existem passagens – essencialmente das profecias – que, parecendo dizer coisas contraditórias, indicam a presença de um sentido oculto, na natureza também há fenômenos que parecem em contradição com suas leis e que, portanto,

---

46. P. Force, *Le Problème herméneutique chez Pascal*, Paris, Vrin, 1989, p. 170.

de uma parte, manifestam a presença de um sentido oculto nela segundo a estrutura de *res* e *signum* que opera na Bíblia e, de outra parte, chamam explicitamente uma interpretação capaz de eliminar a contradição que apresentam. Esses fenômenos são os milagres. Ora, a função dos milagres não é converter, quer dizer que os milagres – os *signa* que eles são – não podem ser interpretados enquanto *signa* pelos homens que não são convertidos.[47] Para estes, eles não passam de res. Para os não cristãos, a natureza é completamente opaca: ainda que pudessem chegar a algum conhecimento de Deus, esse conhecimento não seria suficiente para garantir uma conversão. De fato, a conversão não é um problema de conhecimento, mas de amor (L378; cf. L260, L270). É somente para os cristãos que os milagres são *res* e *signa*. Ou, para dizê-lo de outra forma, só aqueles que já conhecem Deus podem interpretar os milagres enquanto signos da presença divina.

> "Se eu tivesse visto um milagre", dizem eles, "me converteria." Como garantem que fariam o que ignoram? (L378)

Os milagres não podem levar à conversão porque não podem ser vistos como tais por todos e porque a conversão não pode se realizar por uma decisão voluntária. É preciso sublinhar a presença de uma espécie de círculo vicioso: só aqueles que conhecem Deus podem reconhecer os signos de sua manifestação na natureza. É o sentido que se deduz também da carta a Gilberte do dia 1º de abril de 1648:

---

47. É a posição de santo Tomás: "Os milagres não servem para converter, mas para condenar" (*Summa teologica,* I, q113, a10, ad2). É preciso lembrar que, se Pascal se interessa pelos milagres, isso ocorre depois do milagre do Santo Espinho e das controvérsias a que este deu azo. Sobre esse ponto, cf. J. Mesnard, *Les* Pensées *de Pascal*, op. cit., p. 248-79.

> Há que se confessar que não se pode notar esses santos caracteres sem uma luz sobrenatural; pois, como todas as coisas falam de Deus àqueles que o amam, essas mesmas coisas se ocultam a todos aqueles que não o conhecem. (OC, II, p. 582).

Só os convertidos podem reconhecer o sentido oculto – isto é, a presença divina – nas manifestações da natureza:

> Deus, para tornar o Messias reconhecível aos bons e irreconhecível aos maus, fê-lo predizer desta maneira. Se a maneira do Messias tivesse sido predita claramente, não teria havido obscuridade mesmo para os maus. Se o tempo tivesse sido predito obscuramente, teria havido obscuridade mesmo para os bons (pois a bondade de seu coração) não lhes teria feito entender senão por exemplo [o *mem*][48] significa 600 anos. Mas o tempo foi predito claramente e a maneira em figuras. Por esse meio, os maus, tomando como materiais os bens prometidos, perdem-se apesar do tempo predito claramente e os bons não se perdem. Pois a inteligência dos bens prometidos depende do coração que chama de bem o que ama, mas a inteligência do tempo prometido não depende do coração. E, assim, a predição clara do tempo e obscura dos bens só decepciona os maus. (L255)

Para ser mais preciso, não são os cristãos em geral que podem interpretar fielmente a natureza, mas aqueles a quem Pascal chama "cristãos perfeitos". Na verdade, há diferentes graus de interpretação, segundo a profundidade que esta pode atingir e segundo a luz daqueles que interpretam.

---

48. A letra "m" em hebreu: os números, em hebreu, são indicados por letras.

Todo o maço "Razão dos efeitos" traz a esse assunto precisões extremamente importantes.⁴⁹

> Razão dos efeitos. Gradação. O povo honra as pessoas de alta estirpe, os semi-hábeis as desprezam dizendo que o nascimento não é um mérito da pessoa, mas fruto do acaso. Os hábeis as honram, não pelo pensamento do povo, mas com segundas intenções. Os devotos que têm mais zelo do que ciência as desprezam, apesar dessa consideração que faz que sejam honradas pelos hábeis, porque julgam por uma nova luz que a piedade lhes dá, mas os cristãos perfeitos as honram por uma outra luz superior. Assim se vão sucedendo as opiniões do pró ao contra segundo a luz que se tem. (L90)

Do povo aos cristãos perfeitos há uma gradação de luz e de razão que faz que se seja mais ou menos capaz de interpretar os "efeitos", neste caso, os fenômenos sociais. Essa gradação se faz por resolução dos contrários, através da conquista de um ponto de vista superior capaz de integrar as teses contrárias. Esse ponto de vista superior não é, todavia, hegeliano, mas literalmente um ponto que engloba uma perspectiva mais vasta que, elevando-nos, permite ao olho ver mais e melhor. As contradições não são levantadas por uma mediação, mas inseridas numa perspectiva superior, a partir da qual são explicadas por uma lei geral. O conhecimento, que é de fato uma compreensão das "razões dos efeitos" ou uma interpretação dos signos que são os fenômenos, faz-se, pois, por uma série de elevações a graus diferentes para chegar

---

49. Cf. J. Molino, "La Raison des effets" [A razão dos efeitos], in *Méthodes chez Pascal*, op. cit., p. 477-96; L. Thirouin, "Raison des effets, essai d'explication d'un concept pascalien" [Razão dos efeitos, ensaio de explicação de um conceito pascaliano], *XVII Siècle,* nº 134, janeiro-março de 1982, p. 31-50.

a um ponto de vista superior e último que engloba a todos: o dos "cristãos perfeitos" que, por uma "luz superior", podem compreender a totalidade dos fenômenos.

O homem pode, pois, ocupar um ponto fixo que lhe dê uma visão perfeita e completa das coisas e da natureza. Para isso, é preciso que seja cristão perfeito, ou, noutros termos, é preciso que seja convertido.

Mas existe continuidade entre a perspectiva das diferentes categorias de homem, povo, semi-hábeis, hábeis, devotos e cristãos perfeitos? Ou essas categorias estão a uma distância infinita, o que não permite a passagem de uma a outra?

9. As três ordens

A resposta a essa questão encontra-se nos dois fragmentos que discutem explicitamente a noção de ordem, o fr. L933 e o fr. L308. O fr. L933 divide as coisas em três ordens e segundo três movimentos que se dirigem, cada um, a um objeto diferente ou a um modo diferente de considerar o mesmo objeto da parte da vontade.

> Concupiscência da carne, concupiscência dos olhos, orgulho, etc. Há três ordens de coisas. A carne, o espírito, a vontade. Os carnais são os ricos, os reis. Eles têm por objeto o corpo. Os curiosos e cientistas têm por objeto o espírito. Os sábios têm por objeto a justiça. Deus deve reinar sobre tudo e tudo se relacionar a ele. Nas coisas da carne reina propriamente a sua concupiscência. Nas espirituais, a curiosidade propriamente. Na sabedoria, o orgulho propriamente. (L933)

Pascal retoma um *lugar* da *Primeira epístola de são João* (II, 16-7) que reconhece três tipos de concupiscência – *libido* da carne, *libido sciendi* e *libido dominandi* –, embora imponha a essa doutrina certo número de mudanças.⁵⁰ Nem por isso as coisas deixam de se distribuir em três ordens, segundo a intencionalidade com que a pessoa se volta para elas. Mas, com esse fragmento, ficamos sempre no domínio das potencialidades do ser humano. Sua vontade, tal como é agora, depois do pecado original, pode entrar em relação com as coisas, no limite com a mesma coisa, de três maneiras diferentes que correspondem às três degenerescências possíveis da vontade. Se não há passagem entre as três ordens é simplesmente porque a intenção muda a cada vez, o que não impede que haja uma espécie de relação finita de uma a outra. Em suma, as três ordens são heterogêneas, mas as potencialidades do indivíduo lhe permitem passar de uma a outra sem nenhuma dificuldade.

O fr. L308 introduz, em contrapartida, um elemento novo em relação ao fr. L933. Ao lado do domínio da carne e do domínio do espírito, Pascal abre um espaço para o domínio da caridade.

> A distância infinita entre os corpos e os espíritos figura a distância infinitamente mais infinita entre os espíritos e a caridade, pois esta é sobrenatural. Todo o brilho das grandezas não tem lustre para as pessoas que estão nas buscas do espírito. A grandeza das pessoas de espírito é

---

50. Essa repartição das ordens em concupiscências é mais explícita em L545: "Tudo no mundo é concupiscência da carne ou concupiscência dos olhos ou orgulho da vida. *Libido sentiendi, libido sciendi, libido dominandi*". Cf. J. Mesnard, "Le Thème des trois ordres dans l'organisation des *Pensées*" [O tema das três ordens na organização dos *Pensamentos*], in *Thématique des* Pensées", sob a direção de L. M. Heller e L. M. Richmond, Paris, Vrin, 1988; G. Rodis-Lewis, "Les Trois concupiscences" [As três concupiscências], *Chroniques de Port-Royal*, 1963, p. 81-92. Um número da *Revue de Métaphysique et de Morale* (nº 1, 1997), com os artigos, importantíssimos para o nosso propósito, de P. Magnard, M. Pécharman, Y. C. Zarka, foi dedicado a esse tema em Pascal.

invisível aos reis, aos ricos, aos capitães, a todos esses grandes da carne. A grandeza da sabedoria, que não é nada senão Deus, é invisível aos carnais e às pessoas de espírito. São três ordens diferentes, de gênero. (L308)

Entre essas três ordens não há nenhuma passagem possível, pois a relação entre elas é de desproporção, a mesma desproporção que existe em geometria entre pontos, linhas, superfícies e sólidos.[51] Além disso, a ordem da caridade encontra-se, em relação às duas primeiras, numa relação de figuração. Assim como a ordem da carne figura a do espírito, a ordem do espírito figura a da caridade. Todavia, essas duas relações de figuração não são idênticas. Entre a carne e o espírito há uma distância infinita que não deixa de ser humana e natural, ao passo que entre o espírito e a caridade a distância é infinita, mas "infinitamente mais infinita" do que a primeira, pois é sobrenatural. Se a distância entre as duas primeiras ordens que marca a sua heterogeneidade não comporta passagem a uma dimensão ulterior, a distância sobrenatural entre a ordem do espírito e a da caridade nos indica que não há medida comum entre uma e outra. Assim, Pascal pode escrever com razão que "de todos os corpos juntos não se poderia conseguir um pequeno pensamento. Isso é impossível e de outra ordem. De todos os corpos e espíritos não se poderia tirar um movimento de verdadeira caridade, isso é impossível, e de outra ordem sobrenatural" (L308).

Cada ordem comporta um conjunto de efeitos que não podem ser senão da alçada dos objetos que pertencem à mesma ordem e não a outra. A razão dos efeitos provocados pela carne não se encontra senão na ordem,

---

51. Cf. a passagem do opúsculo *De l'esprit de géométrie* em que Pascal explica a diferença entre espaço e vácuo (OC, III, p. 406-7).

e assim por diante. Por conseguinte, a razão dos efeitos provocados pela caridade não encontra a sua razão, a sua explicação, senão num movimento da própria caridade. De uma a outra há uma distância infinita e incomensurável, não podendo ser preenchida por um movimento que, partindo da ordem inferior, permitisse obter um efeito pertencente à ordem superior.

Esses dois fragmentos sobre a ordem podem nos servir para entender se e como os indivíduos podem passar de uma condição a outra: da de semi-hábil para a de hábil, à de devoto e finalmente à de cristão perfeito. Essa gradação é feita de degraus que se pode subir um após outro com a confiança de que as suas capacidades permitem ao homem chegar ao fim da escada. Para voltar ao fr. L90, podemos verificar que, para passar do estado de semi-hábil ao de hábil, basta simplesmente julgar as coisas com segundas intenções (cf. L91). É igualmente fácil pensar a passagem entre a ordem representada pelos hábeis e aquela o que pertencem os devotos. O julgamento destes inverte a dos hábeis, pois possuem uma luz superior que lhes é dada pela piedade. Mas a luz dos cristãos perfeitos é de outro gênero, ou, melhor dizendo, de outra ordem, o que os coloca absolutamente fora de qualquer comunicabilidade ou comensurabilidade com os devotos. Os cristãos perfeitos são os convertidos e, como a conversão se realiza somente pela graça divina e esta não pode ser merecida em nenhum caso, eles se encontram numa situação de descontinuidade em relação às outras ordens: pertencem à ordem da caridade.

10. *Conclusão*

A heterogeneidade entre a ordem da carne e a do espírito por uma parte, e a da caridade, por outra, interdita qualquer passagem: há uma descontinuidade essencial e que não pode ser superada com meios humanos. A conquista do ponto fixo, da posição do intérprete perfeito é mais ligada a um desejo irrealizável do que objeto de uma busca que pode atingir um resultado positivo. O homem parece, assim, condenado a uma errância sem fim entre todas as posições possíveis, sem poder jamais atingir a perfeição ou a totalidade em seus conhecimentos. Mas esse princípio negativo esconde, na verdade, o seu contrário. É verdade que jamais o conhecimento atingirá a essência das coisas, mas a errância e a oscilação permitem, na realidade, uma acumulação de pontos de vista que é a condição mesma do progresso do conhecimento, cuja perfeição não se dará senão no infinito, por aproximações sucessivas.

Situada no interior da ordem do espírito, a razão não pode possuir o conhecimento perfeito que pertence à ordem superior da caridade, mas pode tender para ele. Está, pois, em condição de incrementar um saber, incompleto por certo, mas, no entanto, convincente sobre os objetos e os domínios de que se apossa.

3
O pensamento político de Pascal

1. *Os signos da política*

A reflexão política de Pascal incide sobre aquilo com que os homens não deixam de se apresentar no espaço social, signos, mais geralmente sobre os signos cujo jogo, troca, composição, circulação, constitui a própria vida desse singular domínio; ela é imediatamente *hermenêutica*, interrogação sobre a maneira de interpretar esses signos que, todos, pedem para sê-lo. Assim, esses signos exteriores de respeitabilidade que, em grande quantidade, os magistrados ostentam:

> Suas roupas vermelhas, seus arminhos, com que se envolvem, os palácios onde julgam, as flores de lis, todo esse aparato augusto era muito necessário.

Da mesma forma, os médicos, que, se não tivessem "sotainas e capas", e os doutores, se não tivessem "chapéus quadrados e togas muito amplas de quatro partes", jamais "teriam enganado as pessoas que não podem resistir a essa demonstração tão autêntica" (L44). Os reis não são os últimos nesse jogo de representação, pois, eles "se [mascaram] com roupas extraordinárias para parecerem tais", cercam-se de guardas e de tropas, fazendo assim parada de signos tidos como remetendo à sua força, como os signos de respeito nos médicos e nos magistrados remetem ao seu suposto saber.

A interpretação dos signos sociais deve estabelecer se remetem a qualidades reais ou se não são mais do que signos vazios. A questão que se levanta nessa circunstância pode ser formulada nestes termos: os arminhos dos juízes são signos exteriores pelos quais a virtude da justiça se mostra ou são apenas signos vazios que têm a tarefa de preencher a ausência da qualidade real?

A resposta se encontra nas passagens que citamos. À força de ver os reis acompanhados por todo um aparato de representação, acredita-se que eles possuem uma força real e, por conseguinte, nasce a crença de que eles são deuses, quando, na realidade, não é nada disso. É apenas um efeito do costume e do hábito que, apoiado pela imaginação, faz passar da constatação da presença dos sinais exteriores que demonstram a posse de uma qualidade, à crença na existência efetiva dessa qualidade. Com efeito, se os magistrados conhecessem a verdadeira justiça e os médicos pudessem aplicar a verdadeira arte de curar, não teriam necessidade de exibir todos esses sinais de seu suposto saber. Nesse caso, "a majestade dessas ciências seria bastante venerável por si mesma". A presença desses sinais exteriores demonstra, em contrapartida, que eles não possuem nenhuma ciência: "mas, tendo apenas ciências imaginárias, é preciso que tomem esses vãos instrumentos que tocam a imaginação com a qual têm a ver e por esse meio atraem realmente o respeito" (L44). No campo do saber, na ordem da *libido sciendi*, a presença de signos de ciência permite, pois, a quem interpreta "corretamente", concluir pela ausência das qualidades às quais esses signos remetem. Não é, todavia, porque os magistrados ou os médicos são mentirosos que eles escondem a sua ausência de saber sob signos de respeito. É que esse saber não existe e não pode existir no estado em que o homem se encontra depois do pecado.

É muito diferente, em contrapartida, a situação dos signos da força. Se com a justiça e com a medicina se estava na ordem do espírito e, portanto, na ordem do saber e do espírito, com a força estamos na ordem da carne. Nessa ordem existem duas categorias de pessoas: aquelas em quem os signos da força remetem realmente a uma força natural e aquelas em quem esses signos não têm referente natural. Noutros termos, da ordem da carne, a força está presente tanto como grandeza natural quanto como grandeza de estabelecimento. Do ponto de vista do respeito que se lhes deve nada muda; essas duas grandezas têm direito aos mesmos sinais exteriores de respeito:

> Essas tropas armadas que só têm mãos e força para eles, as trombetas e os tambores que marcham à frente e essas legiões que os cercam fazem tremer os mais firmes. Eles não têm os trajes, mas têm a força. Seria necessário ter uma razão bem depurada para encarar como outro homem qualquer o grande senhor rodeado de seu soberbo serralho de quarenta mil janízaros. (L44)

O fato de ter pessoas que trabalham para si, dito de outra forma, de ser forte por estabelecimento, ou de ser forte por natureza, não muda nada na maneira como se deve respeitar a força (L95).

O que muda, em contrapartida, é o modo de estabelecimento: aqueles que são *naturalmente* fortes têm as qualidades físicas que mostram e pertencem legitimamente à ordem da carne, à qual pertence a força e onde ela é priorizada. Sua força se impõe por si mesma e não tem de ser interpretada pela imaginação. Em contrapartida, os reis e todos aqueles que mostram sinais de força sem estar verdadeiramente de posse dessas qualidades físicas, são tirânicos: excedem o domínio em que a força se exerce e, para se impor, devem atingir a imaginação para que lhes seja reconhecida aquela força que, *naturalmente*, eles não têm.

A interpretação é necessária porque a sociedade, assim como a natureza ou a Escritura, esconde sempre embaixo daquilo que mostra um sentido oculto que é necessário pôr às claras. E essa interpretação faz aparecer que a instituição da sociedade é totalmente imaginária, porque faz acreditar na força dos reis apesar de estes não a possuírem. Eles a possuíram na origem, quando, no estado de natureza, vencedores, decidiram parar a guerra que haviam ganhado. Os seus sucessores herdaram a função e sua força, já não mais natural, mas institucional. Nem sequer podem aspirar a exercer o seu poder enquanto representantes de Deus e de seu poder na terra, pois não podem senão *figurar* o poder divino, segundo o duplo jogo da ausência e da presença no signo das qualidades do *representandum*. Mas analisemos detalhadamente esses dois pontos.[1]

a) Como Hobbes (1588-1679), Pascal descreve um estado de natureza caracterizado por uma guerra permanente e total de todos contra todos (Hobbes, todavia, não diz que a guerra está presente, mas que ela ameaça). Os homens saem desse estado graças à instituição de signos que substituem a força como qualidade real. Os senhores "que não querem que a guerra continue ordenam que a força que está em suas mãos sucederá como lhes apraz" (L828). A dupla decisão dos vencedores – interrupção da

---

1. Sobre a função da representação na teoria política de Pascal, cf. L. Marin, *Le Portrait du roi* [O retrato do rei], Paris, Minuit, 1981.

guerra e sucessão da força – só pode acontecer graças à imaginação, que coloca em reserva, nos signos, a força dos vencedores. A representação é, pois, fundamental e funciona segundo um duplo regime, substituindo o ausente e intensificando a presença.[2] Sem isso, o poder não poderia sobreviver numa situação de paz, pois a força estaria sempre em condição de dever exercer-se. É porque se tem o hábito de ver os reis acompanhados de trombetas que a imaginação, na ausência do aparato do rei, pode ainda nos fazer acreditar em seu poder (L25).

O trabalho de interpretação mostra também que, se a instituição do poder é um caso de representação desse mesmo poder, é porque, no fundo, não há força natural. Os reis não são naturalmente fortes. É graças aos sinais do poder que os cercam e ao trabalho do hábito e da imaginação, que preenchem a ausência de força natural em que repousa o poder, que se pode acreditar que esta pertence aos reis.

A interpretação dos signos sociais permite também distinguir radicalmente aqueles desses signos, naturais e pertencentes à ordem da carne, que remetem a uma qualidade bem real daqueles, arbitrários e pertencentes à ordem do espírito, que são vazios. Estes últimos têm absoluta necessidade do apoio da força. Tal é o caso da relação entre justiça e força. De fato, a justiça deixada a si mesma não pode produzir efeitos, pois é uma qualidade espiritual (L85).

Pode-se dispor como se quer da justiça porque a relação entre signo e significado é arbitrária (voltaremos às conseqüências da arbitrariedade dos signos espirituais) e

---

2. Sobre a relação entre Hobbes e Pascal, remetemos às análises precisas e esclarecedoras de Y. C. Zarka, *La Décision métaphysique de Hobbes*, op. cit., p. 293-309, e "Hobbes e Pascal: deux modèles de théorie du pouvoir", in *Hobbes et la pensée politique moderne* [Hobbes e o pensamento político moderno], Paris, PUF, 1995, p. 268-80.

porque cada um pode, de fato, interpretá-la como bem entender. Para romper essa cadeia de interpretações infinitas, a força intervém, indicando um significado qualquer para a justiça. Em compensação, sendo a força uma qualidade palpável[3], o seu sentido está indicado uma vez por todas, essa indicação subtraindo-o definitivamente de qualquer interpretação. A impalpabilidade da justiça tem duas conseqüências políticas importantes: a justificação da ordem estabelecida e a impossibilidade da aplicação do direito natural.

b) A distinção em ordens permite, pois, redefinir noções políticas tradicionais de maneira totalmente específica. Mas o seu interesse consiste principalmente no fato de que ela fundamenta a visão da política e da sociedade de Pascal.[4] Já vimos, com efeito, que ele divide as coisas em três ordens: a ordem do corpo, do espírito e da caridade. As duas primeiras pertencem à categoria mais geral da concupiscência, pois estão sob a ação da vontade ferida pelo pecado original; a caridade constitui uma ordem por si só e de gênero inteiramente diferente: é apenas quando a vontade está curada de seu pecado que ela pode orientar-se para as coisas segundo a caridade. Temos, pois, dois gêneros maiores, o reino da concupiscência e o reino da caridade, que agrupam as três ordens que estão a uma distância infinita e incomensurável, como explica Pascal no fr. L308. Entretanto, de uma a outra, há uma relação de *figuração*, sendo o reino da concupiscência uma figura do reino da caridade. E a grandeza do homem

---

3. Ironia de Pascal que, a propósito da "palpabilidade" da força, escreve em outro fragmento: "Isto é admirável: não se quer que eu honre um homem vestido de brocatel e seguido por sete ou oito lacaios. Mas quê! Ele mandará dar-me chibatadas se eu não o saudar. Essa vestimenta é uma força" (L89).
4. Cf. Y. C. Zarka, "Pascal: les trois ordres et la politique", in *Philosophie politique à l'âge classique*, op. cit., p. 195-221.

reside na sua capacidade de extrair da concupiscência uma figura da caridade:

> Grandeza do homem em sua concupiscência mesma, por ter sabido tirar dela uma regulamentação admirável e ter feito em conseqüência um quadro de caridade. (L118)

Pode-se, a partir dessa figuração, tirar a conclusão de uma justiça parcial da ordem da sociedade? Para responder a essa pergunta, devemos ler o terceiro dos *Três discursos sobre a condição dos grandes*. Nesse texto, Pascal estabelece um paralelo entre o reino de Deus e a soberania que o jovem duque[5] pode exercer sobre os seus familiares. Deus é um rei de caridade porque distribui em torno de si bens de caridade. O duque não pode ser senão um rei de concupiscência, pois só tem o poder de distribuir bens pertencentes a esse gênero, sejam eles carnais ou espirituais. Para exercer da melhor maneira o seu poder, o duque, em seu domínio, deve comportar-se em relação a seus subordinados como Deus se comporta em relação àqueles que lhe pedem bens de caridade (OC, IV, p. 1034).

Noutros termos, para ser um verdadeiro rei de concupiscência, o duque deverá *figurar* a ação de Deus. Mas onde termina essa relação de figuração? Que grau de perfeição o duque poderá atingir? Pascal não deixa tardar a resposta:

> O que vos digo não vai muito longe; e, se ficardes neste ponto, não deixareis de vos perder; mas pelo menos vos perdereis como homem de bem. Há pessoas que se danam tão tolamente, pela avareza, pelas exaltações, pelas

---

5. Tradicionalmente, a crítica considera que o interlocutor de Pascal é o jovem duque de Chevreuse (1640-1712), filho do duque de Luynes, grande amigo de Port-Royal e tradutor de Descartes.

blasfêmias! O meio que vos abro é por certo mais honesto; mas, na verdade, é sempre uma grande loucura condenar-se. E é por isso que não se deve permanecer aí. É preciso desprezar a concupiscência e o seu reino, e aspirar ao reino da caridade, onde todos os súditos só respiram a caridade, e não desejam senão os bens da caridade. (OC, IV, p. 1034).

A sociedade pode ser uma figuração; mas não será senão uma figura com sombras e luzes, bem longe da perfeição da sociedade da caridade sobre a qual reina Deus. Na realidade, essa imagem da caridade que é o reino da concupiscência é enganosa:

> Todos os homens se odeiam naturalmente uns aos outros. Utilizou-se como se pôde a concupiscência para fazê-la servir ao bem público. Mas isso é apenas fingimento e uma falsa imagem da caridade, pois no fundo não é senão ódio. (L210; cf. L211)

Do reino da concupiscência ao da caridade, a figuração permanece uma simples figuração que não permite atribuir ao reino de grau inferior as qualidades do reino de grau superior ou de preencher o espaço incomensurável existente entre concupiscência e caridade.[6]

2. *Políticas da interpretação*

Os homens encontram-se na impossibilidade de tornar obrigatório o respeito da justiça, pois ela está submetida a

---

6. Sobre a teoria política de Pascal em relação à ordem e à desordem da sociedade, cf. J-F. Spitz, "Apparence et fausseté: la double nature de l'ordre politique chez Pascal" [Aparência e falsidade: a dupla natureza da ordem política em Pascal], *Revue Internationale de Philosophie*, op. cit., p. 101-18.

uma interpretação que é em direito infinita (L85; cf. L81). Por causa dessa impossibilidade, "não podendo fortificar a justiça", escolheu-se o caminho contrário, isto é, "justificou-se a força", a fim de estabilizar e pacificar a sociedade. Ora, justificar a força vem a ser, de uma parte, dizer que a justiça natural não existe e, de outra parte, admitir que não importa que força, só pelo fato de sua existência, deve ser respeitada

Na ausência de uma justiça natural, tudo que se pode fazer é simplesmente elaborar um conjunto de regras que encontram legitimidade em sua capacidade normativa muito ampliada – a tal ponto que podem estabilizar a sociedade – e em sua antigüidade, caráter que pleiteia, também ele, em favor de sua força (L60).[7] Se a legitimação da justiça das leis por sua antigüidade é de fato um lugar-comum do pensamento político dos séculos XVI e XVII, a conseqüência que Pascal tira disso é em geral menos freqüentemente explicitada por seus contemporâneos. De fato, procurar recolocar em vigor uma lei primitiva, apagada pela lei consuetudinária, significaria lançar a sociedade numa desordem sem fim (L60).

Busca-se uma lei primitiva porque se pensa que ela é mais justa do que as leis que estão atualmente em vigor, mas, na realidade, não há mais justiça em uma do que na outra. Além disso, levantando-se contra as leis que se consideram injustas, a pessoa se torna ela própria injusta, como a Fronda:

> Daí vem a injustiça da Fronda, que levanta a sua pretensa justiça contra a força. (L85)

Verifica-se, por fim, que cada um se levanta contra uma lei que não lhe convém, invocando uma pretensa lei mais

---
7. L. Thirouin, op. cit., p. 22-57.

justa, que apenas o é porque é a sua lei. Assim, Hobbes, num contexto bem diferente, havia desmontado o próprio conceito de tirania:

> Encontram-se nas obras históricas e políticas outras maneiras de designar o governo; assim: tirania, oligarquia. Mas não são outras formas de governo: são as mesmas, a que assim se chama quando não se gosta delas.[8]

Ora, a busca de leis melhores porque mais antigas ou mais justas desestabiliza a sociedade inteira, pois o povo, a parte da sociedade que tem menos esclarecimento, acredita que essas leis mais justas existem efetivamente e se rebela contra as leis em vigor (L66 e cf. L67).

Desvendar a origem "injusta" das leis ou fazer pensar que existe uma definição justa da justiça significa levar o povo, que não pode entender o fato de que todas as leis são iguais quanto à sua relação com a justiça, a buscar uma lei justa. Ora, agir assim causaria desordens sem fim. Na opinião de Pascal, a única coisa que se pode fazer para preservar a paz é enganar o povo para o seu bem; já que "o povo presta facilmente ouvidos a esses discursos", "o mais sábio dos legisladores dizia que, para o bem dos homens, é preciso muitas vezes ludibriá-los" (L60)...

O erro de Montaigne, como de todos os semi-hábeis, é pensar que é preciso seguir as leis e os costumes porque são justos e não porque são costumes ou leis (cf. L81). Ele não chega a ver que, não existindo as leis justas, incitar a procura da justiça das leis ou dos costumes equivale a introduzir um princípio de sedição na sociedade (L525).

A diferença essencial entre os semi-hábeis e os hábeis consiste no fato de que os primeiros acreditam na existência

---

8. T. Hobbes, *Léviathan,* cap. XIX, tr. fr. de F. Tricaud, Paris, Sirey, 1990, p. 192. [Ed. bras.: *Leviatã*, São Paulo, Martins Fontes, 2003.]

de uma lei primitiva mais justa do que a que está em vigor e, no fundo, na existência de uma justiça natural da qual essa lei tiraria a sua legitimidade, e os segundos sabem que essa lei não existe, pois o homem não tem a possibilidade de atingir a justiça natural. A sociedade está condenada a só aplicar regras, quer dizer, convenções que mudam de um país para outro, sem poder estabelecer uma lei universal fundamentada na justiça natural. É o que Pascal repete com insistência em numerosos fragmentos, ora com ironia: "A pilhéria dos primogênitos que têm tudo. Meu amigo, você nasceu deste lado da montanha, é, pois, justo que o seu primogênito tenha tudo" (L9); ora tirando as conseqüências extremas dessa diversidade de leis e de costumes: "Por que você me mata para sua vantagem? Eu não estou armado. – Mas você não fica do outro lado da água? Meu amigo, se você ficasse do lado de cá, eu seria um assassino, e seria injusto matar você assim. Mas, já que você fica do outro lado, sou um bravo e isso é justo" (L51). Essa diferença extrema de leis não pode, decerto, pleitear a favor da hipótese de uma lei natural que poderia se aplicar de modo particular em cada país (cf. L60).

De fato, se o homem não pode aplicar a lei natural, não é porque ela não existe, mas porque ele não a pode conhecer.[9] Pascal é muito explícito sobre esse ponto:

> Há sem dúvida milhões de leis naturais, mas essa bela razão corrompida corrompeu tudo.

Visto que o fundamento da justiça da lei, sua *naturalidade*, é para sempre impossível de conhecer, o homem

---

9. O debate sobre a existência e sobre a aplicação do direito natural em Pascal dificilmente encontrará uma resposta definitiva. Os livros de G. Ferreyrolles (*Pascal et la raison du politique*, Paris, PUF, 1985) e de Ch. Lazzeri (*Force et justice dans la politique de Pascal*, op. cit.) apresentam as razões das duas posições opostas.

não pode se apoiar nela para editar leis que seriam absolutamente justas. É preciso, pois, resignar-se à multiplicidade das interpretações da justiça, cada uma das quais acha que está passando o verdadeiro sentido, multiplicidade que explica a diversidade das leis de um país para outro.

Da mesma forma que, para o homem, estando perdida a sua verdadeira natureza, todos os costumes se tornam sua natureza, também para as leis, sendo a justiça natural inacessível, todas as leis costumeiras podem pretender o título de leis justas, o que só faz aumentar a confusão. A multiplicidade dos costumes não prova a fragmentação de uma justiça natural em aplicações particulares, mas a ignorância dessa justiça natural, ignorância que não pode ensejar senão uma multiplicidade de costumes. A impossibilidade em que o homem se encontra de conhecer a lei natural decorre evidentemente de sua condição "metafísica": o homem não pode conhecer as leis justas no estado de decadência e de ignorância em que o pecado original o colocou.

3. *A educação do príncipe*

Mas, então, se a justiça natural não pode ser conhecida, se as leis existentes não são justas, como fazer a diferença entre justiça e tirania, como fazer para poder mesmo pensar a diferença entre justiça e tirania? Pois, caso se deva enganar o povo, escondendo-lhe a origem das leis e obrigando-o a obedecer a leis apenas pela utilidade que daí decorre para o resto da sociedade, portanto tirando-lhe todo o direito de resistência, como evitar os excessos da dominação da parte daqueles que governam?

A resposta, que se encontra em *Três discursos sobre a condição dos grandes*, pode parecer derrisória; ela é, provavelmente, a única possível da perspectiva de Pascal:

para evitar a tirania ou o excesso dos governantes, a única solução reside na educação que é preciso lhes proporcionar.[10] Enquanto para os seus contemporâneos a educação dos nobres e, mais especificamente, a do príncipe devia abranger matérias gerais, para Pascal, a educação do príncipe tem um objeto específico, que deve conduzi-lo a *figurar* a caridade divina.[11]

Nos *Três discursos sobre a condição dos grandes*, partindo de uma ficção – por acaso o jovem duque teria sido resgatado por indígenas que o teriam tomado por seu legítimo rei –, Pascal se propõe explicar a um jovem nobre a verdade de sua situação. Como a posição que ele ocupa entre os selvagens, assim como todos os bens que possui, sua situação social e até a sua própria existência não são senão frutos do acaso:

> Não imagineis que seja por um acaso menor que possuís as riquezas de que vos encontrais senhor, do que aquele pelo qual aquele homem se encontrava rei [...] Vosso nascimento depende de um casamento, ou antes, de todos os casamentos daqueles de quem descendeis. Mas esses casamentos de que dependem? De uma visita feita por encontro, de um discurso no ar, de mil ocasiões imprevistas. (OC, IV, p. 1030)

---

10. Sobre esse texto de Pascal, cf. a notável leitura de L. Marin, *Le Portrait du roi*, op. cit., p. 261-90.
11. Assim, F. La Mothe Le Vayer, autor pertencente à corrente da "libertinagem erudita", consagra vários livros ao ensino da economia, da geografia, da história ao príncipe. Cf. *De l'instruction de Mgr le Dauphin* [Da instrução do Senhor Delfim], Paris, 1640, S. Cramoisy, in-4, 368 p.; *La Géographie et la morale du prince*, Paris, 1651, in-8, 2 vol.; *La Rhétorique du prince*, Paris, 1652, in-8, 120 p.; *L'Œconomique du prince. La Politique du Prince*, Paris, 1653, A. Courbé, in-8, 140 p.; *La Logique du prince*, Paris, 1658, in-8, 57 p.; *La Physique du prince*, Paris, 1658, in-8, 352 p. Ver também P. Nicole, "Traité de l'éducation d'un Prince" [Tratado da educação de um príncipe], in *Essais de morale*, edição de L. Thirouin, Paris, PUF, 1999, p. 261-308.

Os nobres não possuem o seu bem em razão de qualquer virtude natural, assim como o barqueiro não deve a sua condição a não se sabe que virtude ou que defeito naturais (ibidem, p. 1031).

Por conseguinte, de uma parte, o duque não deve cometer o erro comum a todos os semi-hábeis, que consistiria em fazer de modo que a sua superioridade não seja respeitada, pois isso equivaleria a permitir a inversão da sociedade, mas, por outra parte, não deve nem abusar de sua posição, nem pensar que a ocupa por uma espécie de superioridade natural sobre os outros indivíduos (ibidem, p. 1032). Em suma, ensinando aos nobres a verdade de sua situação como indivíduos, Pascal pensa poder fazer que eles exerçam com moderação a dominação necessária...

4. Justiça e tirania

Do que acabamos de ver, há que se concluir que Pascal nega completamente que na sociedade possa haver justiça? Há uma noção positiva de justiça em Pascal? A resposta só pode ser afirmativa, tanto mais que essa noção positiva de justiça, com o seu contrário, a tirania, são as noções mesmas que especificam o pensamento político de Pascal.

a) Vimos que, por causa do pecado original, o conhecimento da justiça natural é impossível aos homens, que estão, por conseguinte, condenados à aplicação de uma série de leis que mudam de um país para outro. Essas leis não devem a sua justiça senão à soma de uma série de acasos e ao convencionalismo presente em todos os domínios da ação humana.

Mas em Pascal há também outro sentido do conceito de justiça, utilizado na doutrina das ordens. Cada ordem, de fato, agrupa um conjunto de qualidades e define também a intencionalidade diferente pela qual se estabelece uma relação com objetos diferentes ou com o mesmo objeto. Além disso, cada qualidade, segundo a ordem a que pertence, pede uma determinada forma de respeito ou de dever. Assim, em *Três discursos sobre a condição dos grandes*, Pascal, depois de ter definido a diferença entre grandezas de estabelecimento e grandezas de natureza, que correspondem, de certo modo, à ordem da carne e à do espírito, explica ao jovem duque que

> devemos algo a uma e a outra dessas grandezas, mas, como elas são de natureza diferente, devemos-lhes também diferentes respeitos. (OC, IV, p. 1032)

Para com as grandezas de estabelecimento, tem-se deveres que se manifestam em cerimônias exteriores "acompanhadas, segundo a razão, de um reconhecimento interior da justiça dessa ordem, mas que não nos fazem conceber alguma qualidade real naqueles que assim honramos" (ibidem). Em compensação, às grandezas naturais, segundo o princípio que manda prestar respeitos da ordem à qual pertence a qualidade respeitada, manifestar-se-á estima. A injustiça consistirá na pretensão de receber um sinal de respeito que não corresponde à mesma ordem que a qualidade que demanda o respeito (OC, IV, p. 1032-3).

Vê-se em que esse conceito de justiça é totalmente diferente do conceito tradicional. Primeiro, Pascal se aparta de Aristóteles. Não se trata, nele, nem de uma justiça *distributiva*, que consiste em proporcionar segundo quantidades iguais a distribuição dos bens entre os cidadãos, nem de uma justiça *comutativa*, que consiste em dar na mesma proporção o que se recebeu. Além disso, com essa noção de justiça como respeito das qualidades internas de cada ordem, ele "rompe com o modelo legal da justiça e a noção correlativa de obrigação que é dela inseparável. É, por outro lado, estranho a toda forma de acordo contratual entre os indivíduos".[12]

Pascal está em ruptura também com as teorias políticas contemporâneas, pois, para ele, ser justo não quer dizer conformar-se com uma lei no sentido de que nos constranjamos a uma obrigação que nos faça ficar do lado certo da justiça; essa noção de justiça não se refere tampouco ao respeito a um contrato estabelecido entre cidadãos, respeito que nos faz considerá-los como justos. A justiça de Pascal é bem mais sutil, pois, se se trata de reconhecer as diferentes qualidades e de situá-las nas ordens, é preciso ser também capaz de prestar a cada qualidade o respeito que lhe é devido, levando em conta a ordem a que pertencem.

b) Pela doutrina das ordens, chega-se também a uma redefinição da noção de tirania. O pensamento político clássico define dois tipos de tirania, a tirania *ex defectu tituli* e a tirania *ex exercitio*. O tirano *ex defectu tituli* [por falta de título] é aquele que, tendo usurpado o trono, não possui os títulos para exercer a soberania, ao passo que o tirano *ex exercitio* [por suas ações] é aquele que, embora tenha títulos legítimos para exercer a soberania, ultrapassa os limites impostos ao exercício de seu poder. Pascal chama de *tirania* a exigência de um respeito que se deveria prestar, normalmente, a uma qualidade que pertença à mesma ordem, para uma qualidade de ordem diferente:

> a Tirania consiste no desejo de dominação universal e fora de sua ordem. (L58)

Seria tirânico, por exemplo, que o duque pedisse para ser estimado por sua qualidade de nobre, que é uma

---

12. Ch. Lazzeri, *Force et justice dans la politique de Pascal*, op. cit., p. 282.

grandeza de estabelecimento, ao passo que a estima é uma forma de respeito reservada às qualidades do espírito, às grandezas naturais. Segundo a divisão que Pascal opera entre as ordens que correspondem às três concupiscências, é preciso prestar "dever de amor ao encanto, dever de temor à força, dever de crédito à ciência" (L58). Se a pessoa se subtrai a essa obrigação ou se misturam as formas de respeito e as qualidades, cai-se na tirania.

Toda forma de respeito pedida por qualidades que não pertencem à ordem a que é apropriada são sintomas de tirania, exatamente como a recusa de respeitar as qualidades nas formas que elas requerem. De modo mais geral, todo transbordamento além de sua ordem é sinônimo de tirania. O que Pascal anuncia assim:

> a tirania é querer ter por uma via o que não se pode ter senão por outra. (L58)

5. Estado e Igreja

A sociedade humana mostra-se a Pascal como o reino da força pura, como a ordem na qual o realismo sobrepuja as considerações morais, afinal de contas mais nocivas do que o exercício da própria força. Tentar tornar mais justa a sociedade é a última e a mais perigosa das ilusões. Não existindo a justiça, a tentativa de fundar sobre ela a sociedade lançaria, paradoxalmente, os homens na desordem e na guerra.

Pascal tenta entender como uma sociedade pode repousar num fundamento que, na sua perspectiva, não o é; concebe também a existência de outro tipo de sociedade cujo modelo é dado por aquilo a que chama o corpo da Igreja, que, sem constituir um momento ideal a que o Estado deva se conformar, permanece, entretanto, um termo de comparação importante.[13] Mas quais são as relações entre os dois tipos de sociedade humana que são a Igreja e o Estado, e entre a sociedade humana e a cidade de Deus? Para entender como Pascal pensa as relações entre esses dois tipos de sociedade, somos obrigados a voltar à dinâmica da conversão e à oposição imanente entre o corpo – a carne – e o espírito que constitui o problema principal da ascensão para Deus.

Essa oposição entre um elemento espiritual e um elemento material é antes a do espírito divino à carne humana do que a oposição entre a alma e o corpo. Todo crente se encontra na presença de Deus, não enquanto alma que tem a tarefa de guardar a ordem de um corpo estranho, mas enquanto ser dotado de um "coração", isto é, do núcleo essencial da subjetividade, capaz de aceitar ou de recusar a vontade de Deus. O coração do homem pode endurecer-se e se tornar um coração de pedra, insensível aos mandamentos divinos, ou então abrir-se para receber a sua palavra, o problema justamente sendo que, mesmo bem dispostos para com Deus, os homens devem lutar contra um mau pendor. Essas duas possibilidades da vontade se traduzem praticamente em dois tipos de vida: a primeira, boa, é uma vida de liberdade e de paz; a segunda, má, é uma vida vivida segundo a carne e a concupiscência, portanto, uma vida de conflito e de escravidão.

Na realidade, essas duas ordens, a espiritual e a carnal, não estão apenas justapostas, encontram-se antes imbricadas, o que complica muito a sua realização e as suas relações recíprocas.

Sabemos agora que, para Pascal, o corpo está submetido à força dos mecanismos repetitivos do costume, que

---

13. Sobre a noção de corpo da Igreja, comportando o conjunto dos crentes *ordenados* segundo uma hierarquia precisa: "Imagine-se um corpo cheio de membros pensantes" (L371). Cf. todo o maço XXVI. "Moral cristã".

substitui a verdadeira natureza do homem, perdida por causa do pecado original. A via de retorno está barrada, Pascal não crê que seja possível retornar ao estado de perfeição em que Adão se encontrava. Mas costumes e fins não são imutáveis. Melhor, a pessoa pode apoiar-se no costume e utilizar a sua força para outros fins que não aqueles a que ele serve geralmente. Mais exatamente, como escreve Pascal no fr. L808, por exemplo, a religião não exclui o costume, ao contrário, "é preciso abrir o espírito às provas", depois "confirmar-se nelas pelo costume" e só depois "oferecer-se pelas humilhações às inspirações". Então, submetendo o corpo a uma disciplina exterior, podem-se obter efeitos sobre a alma e mudar a relação com a fé; pode-se fazer passar o indivíduo de uma fé por costume e por razão a uma fé por sentimento. Através de uma prática exterior da religião, pode-se, pois, obter efeitos que, ainda que não sejam verdadeiramente ditados por uma crença, preparam o homem para a verdadeira fé. Do ponto de vista teológico, o problema não me parece realmente resolvido, mas apenas deslocado; além disso, essa solução coloca uma nova questão: a das relações entre *disciplina* eclesiástica e *gestão* dos corpos pelo Estado. A escolha *prática* da retirada do mundo (a de Pascal, repetidas vezes, a dos senhores de Port-Royal) tinha o mérito de tornar claras as relações da Igreja com o Estado em sua exclusão recíproca. A posição *teórica* de Pascal, que supõe que os corpos possam ser submetidos à "boa" pedagogia, não chega a dar conta da delimitação das zonas de ações legítimas de uma e de outra e exige que seja retomada a interrogação sobre esses dois comportamentos, um regulado sobre a concupiscência e outro sobre a vontade boa. Isso equivale a colocar diferentemente a questão das relações entre Estado e Igreja, entre a ordem espiritual realizada no plano temporal pela Igreja e a ordem da concupiscência realizada pelos Estados: em que consiste o seu espaço comum? Quais regras governam o seu conflito e a sua coexistência?

Num conjunto de pensamentos reunidos na seção XXVI, "Moral cristã", Pascal retoma a definição da Igreja como um corpo, do qual os homens são os membros e Jesus Cristo a cabeça, colocando ênfase particular no papel da vontade e na incapacidade em que ela se encontra de se conformar à vontade divina, assim como no risco provocado ao homem por essa incapacidade, que falta na doutrina tradicional, orgânica e corporativista da Igreja (L360).

Por causa dessa incapacidade, o homem "acredita ser um todo e, não vendo corpo de que dependa, acredita só depender de si e quer ele próprio fazer-se centro e corpo. Mas, não tendo em si princípio de vida, não faz mais do que se desviar e vacila na incerteza de seu ser, sentindo claramente que não é corpo, e no entanto não vendo que seja membro de um corpo" (L372). Assim, continua Pascal, "ele não poderia por sua natureza amar outra coisa senão por si mesmo e para submetê-la a si porque cada coisa se ama mais do que tudo". Esses dois princípios de vida, viver submetendo a sua vontade à vontade geral e viver segundo a concupiscência e a carne são dois princípios que comandam a vida na Igreja e no Estado, respectivamente.

A Igreja é uma sociedade hierarquizada, na qual só conta a vontade da cabeça, isto é, de Jesus Cristo: todos os seus membros devem conformar-se à sua vontade se quiserem permanecer como tais, essa conformidade indo até à amputação voluntária se o *corpo* assim o quiser (L373). O Estado ou a cidade dos homens é, em contrapartida, fundamentada noutro princípio, que é o do *pendor* que cada um de seus membros tem para si.[14]

---

14. No fr. L420, Pascal identifica nesse pendor para si "o começo de toda desordem, em guerra, em polícia, em economia, no corpo particular do

Todavia, ainda que a vida nas duas comunidades esteja fundamentada em princípios diferentes, existe certo número de semelhanças. Com efeito, para a Igreja e para o Estado existem leis exteriores (L966) que regulamentam a vida dos fiéis.

Além disso, podem encontrar-se na Igreja todos os defeitos que agitam os Estados. Então, poder-se-ia perguntar qual é a diferença essencial entre as duas sociedades.

A resposta é que a Igreja é uma sociedade com dupla zona de influência: ocupa-se do comportamento exterior dos fiéis, a saber, de seus corpos, de sua carne, como os Estados, mas, diferentemente destes, deve cuidar de sua interioridade, de sua alma; ou melhor, ela *gere* os seus corpos em vista de suas almas. Se, pois, for verdade que a Igreja tem por objeto a alma, ela passa, todavia, pelo corpo, e o Estado exerce seu poder diretamente sobre o corpo, tendo em vista apenas e tão-somente um fim interior a este. Há, pois, um conflito de competência, estando uma parte dos sujeitos, seus corpos, submetida à legislação da Igreja e à do Estado. No opúsculo *Sobre a conversão do pecador*, Pascal opõe o apego ao mundo, ou melhor, às "coisas" deste mundo, a um bem verdadeiro que deve possuir duas qualidades:

> uma, que dure tanto quanto ela (a alma), e que não possa ser-lhe tirada senão com o seu consentimento, e outra, que nada mais haja de mais amável. (OC, IV, p. 42)

Compreende-se bem que o homem que empreende buscar esse bem vai singularizar-se, "elevar-se acima do

---

homem". É disso que decorre a necessidade de um princípio de coerção que, desviando os homens do amor de si, dirija-os para o geral, sem o que não haveria senão guerra e desordem.

comum dos homens", daqueles que são arrastados para si mesmos: lá onde as pessoas se conformam aos princípios de vida do mundo, não se poderiam seguir as regras da Igreja e vice-versa...

O que Pascal propõe pode ser assim resumido: ficar no mundo, mas seguindo as regras e as leis da Igreja. Solução que na verdade não o é: os conflitos entre Estado e Igreja (cujo caráter fundamentalmente *político* é alusivamente reconhecido por Pascal) não poderão ser resolvidos de conformidade com um princípio, uma regra, mas apenas por etapas e sem garantia de sucesso. Assim, sem chegar a interrogar-se sobre situações extremas, como a guerra, a necessidade de matar e de morrer pela pátria que põem em jogo o fato de se pertencer à sociedade, o cristão encontra-se constantemente na situação potencial de um corpo estranho.

Como conclusão, Pascal reconhece dois tipos de sociedade, a Igreja e o Estado, que têm uma legitimidade diferente. A instituição do Estado é um produto da imaginação; não tem nenhum fundamento transcendental, tendo-se Deus retirado para sempre em profundezas insondáveis. Tudo que os governos podem fazer é *imitar* a sua ação. O que, do ponto de vista da salvação individual, conduz sempre à perdição, mas que, do ponto de vista "mundano", permite salvaguardar a paz dos cidadãos e reproduzir a ordem social. A Igreja, em contrapartida, é uma verdadeira sociedade: fundamenta-se na caridade e, tendo Cristo como chefe, é mais do que *imitação* da cidade de Deus. Entretanto, a Igreja e o Estado, embora sendo complementares, têm muitas vezes a oportunidade de se opor. Pascal coloca, pois, todo sujeito que seja ao mesmo tempo católico como não podendo senão suportar a conseqüência dos eventuais conflitos entre os dois corpos aos quais ele pertence, concorrentemente, entre as duas prescrições, salvação e dever, que o dominam.

De modo mais geral, e prosseguindo na direção indicada, poder-se-ia dizer que Pascal considera todo sujeito como *responsável* por seus pertencimentos conjuntos, pelo que eles implicam e pedem. Por outro lado, sua convicção de que *submissão ao Estado* e *salvação* são estranhos um ao outro, se não inimigos, merece sempre ser meditada.

Conclusão

O problema da incompletude e da incerteza do conhecimento que ronda as mentes no século XVII é focalizado de maneira original por Pascal. A volta à antropologia católica e mais precisamente à de Agostinho dá-lhe os meios de traçar uma via que se afasta daquela que os seus contemporâneos percorriam.

Naquela época, a questão das relações entre paixões e razão se desdobra em duas questões distintas: encontrar um fundamento transcendente para o conhecimento e determinar a importância do impacto negativo das paixões sobre a razão. A atenção dedicada a essas duas questões, embora complementares, não é, todavia, igual: freqüentemente, os filósofos *tentam* resolver de preferência uma ou outra. Assim, Descartes se esfalfa para encontrar um fundamento para a certeza do conhecimento e trata o problema das paixões de maneira quase secundária. Por sua parte, os estóicos interrogam-se sobre a maneira de dominar as paixões mais do que sobre o fundamento transcendental do conhecimento.

Pascal, em contrapartida, estabelece uma ligação direta entre uma e as outras. Segundo a linha principal da antropologia agostiniana, ele localiza, no interior da vontade, uma determinação, por definição má, e como tal contrária à razão, em dirigir-se sempre no rumo ditado pela concupiscência. Ora, a força dessa má vontade se encontra exatamente na ausência irremediável de qualquer fundamento: Deus retirou-se para sempre do mundo e nenhum esforço do homem pode causar-lhe o retorno. Com Deus, o homem perdeu a possibilidade tanto de fundar uma certeza do conhecimento quanto de combater com eficácia o mau viés da vontade. O problema da influência negativa das paixões sobre a razão é resolvido, pois, com um gesto que, historicizando essa antítese, remete-a a uma origem irrecuperável. A razão não pode libertar-se do desejo que a obriga a conhecer sempre aquilo que ela quer. Assim, o conhecimento será sempre condenado a ser criticado quanto à sua evidência e à sua certeza.

Deve-se afirmar que, estando para sempre perdido o fundamento do conhecimento, Pascal designa assim a impossibilidade de um conhecimento verdadeiro e convincente?

Pode-se responder claramente pela negativa a essa questão por duas razões. A primeira razão encontra-se na crítica constante dos sofismas dos jesuítas, qualificados de procedimentos metafísicos, que os impedem, e em primeiríssimo lugar o padre Noël, de atingir um conhecimento otimizado da relação entre as causas e os efeitos e das relações entre os fenômenos. Essa crítica tem dupla importância.

De uma parte, ela indica que, diferentemente dos jesuítas que estão no erro, Pascal pretende conhecer a maneira correta de estabelecer as relações entre causas e efeitos. Pode-se qualificar um conhecimento de metafísico, portanto de imaginário, quando se ocupa um lugar de onde se pode mostrar que as verdades dos outros não passam de ilusões.

Por outra parte, Pascal indica dessa maneira a existência de um domínio de fenômenos, de "objetos" teóricos que caem sob a influência da razão e de que se pode afirmar, com certeza, a verdade e isso além de todas as considerações sobre a impotência dessa mesma razão.

A segunda razão que nos permite afirmar que o conhecimento é possível consiste na exigência (nascida não por acaso da controvérsia com o jesuíta Noël) da definição de um método. Seria decerto inconcebível esforçar-se por definir um método caso se tivesse a consciência de sua inutilidade. Por certo, mais do que de um método, seria preciso falar, em Pascal, de uma reflexão que apresenta várias tentativas de definição de métodos. Mas, então, face à multiplicidade dos métodos que Pascal tenta definir, será preciso falar de uma dispersão, de um ecletismo que se situaria fora de qualquer quadro geral?

Mais uma vez a resposta é negativa, e mais uma vez pode-se justificá-la retornando à antropologia. Se é necessário elaborar vários métodos, fornecer vários princípios metodológicos, é porque o grau de implicação do homem e de suas faculdades é diferente segundo o domínio que ele se propõe conhecer.

Em geometria, pode-se contentar com um método que indique a simples necessidade de definir corretamente as palavras utilizadas: a única faculdade relacionada com a aquisição de conhecimentos geométricos é o intelecto. Esse método não é aplicável à moral. É necessário passar a outro, à dialética, porque os conhecimentos morais concernem não somente à razão, mas também à vontade.

Como se vê, a antropologia desempenha dupla função: fornece o quadro no interior do qual a parcialidade dos conhecimentos humanos é "justificado" e o embasamento teórico da errância metodológica de Pascal.

Mas existe outra constante em todos os momentos do esforço metodológico de Pascal: a busca do ponto fixo. Estando perdido o fundamento *a priori* do conhecimento por causa do pecado original, a busca do ponto fixo aparece nele como busca de um fundamento a *posteriori*. É preciso, todavia, distinguir os domínios em que a razão pode atingi-lo daqueles em que a sua pesquisa está fadada a permanecer sem resultado, levando-se em conta as faculdades mobilizadas no ato de conhecimento: nenhuma esperança no que concerne à moral, visto que a vontade desvia a pouca potência que resta à razão depois do pecado original; nas ciências, em compensação, porque a vontade não está implicada, é legítimo buscar o ponto fixo e é possível chegar-se a ele.

No decorrer dessa pesquisa, quer seja ela concernente à moral ou às ciências, desenvolvem-se progressivamente procedimentos racionais que, além de sua finalização "local", justificam plenamente o interesse que se pode dedicar a Pascal hoje: a impossibilidade parcial ou total de definir um ponto fixo pode ser considerada *positivamente* e permitir pensar, de modo muito moderno e rico de desenvolvimentos frutuosos, que o conhecimento não é um *todo* que se tem ou que não se tem, mas um conjunto em expansão constante, e que procede por aproximações sucessivas e assintomáticas a uma perfeição que permanece, por definição, além do alcance do homem.

Noutros termos, Pascal divide as coisas e as modalidades segundo as quais se pode conhecê-las em três ordens.[1] A ordem do espírito encontra-se a uma distância "infinitamente infinita" da ordem da caridade, isto é, a uma distância do fundamento do conhecimento que nada pode preencher. Todavia, no interior de sua ordem,

---

1. E nisso há uma posteridade. Assim, por exemplo, M. Walzer, em *Sphères de la Justice: une défense du pluralisme et de l'égalité*, Paris, Seuil, 1997 [Ed. bras.: *Esferas da Justiça: uma defesa do pluralismo e da igualdade*, trad. Jussara Simões, São Paulo, Martins Fontes, 2003], retoma a teoria das três ordens para fundar a possibilidade de uma definição e de uma utilização diferenciadas da justiça segundo a *esfera* focalizada. Cf. Ch. Lazzeri, *Force et justice...*, op. cit., p. 310-1.

a razão permite um conhecimento, por certo limitado às coisas que pertencem a essa ordem, mas ilimitado quanto às capacidades que ela pode aí desenvolver. Essa incansável busca do ponto fixo por Pascal nos parece indicar que, para ele, o conhecimento tende necessariamente à perfeição, mas também que a potência da razão é inalterada em sua ordem. Sem dúvida, é necessário compreender o que o espírito pode conhecer e aquilo que são as suas relações com a vontade, mas parece que, na perspectiva de Pascal, a única limitação fundamental sofrida pela razão é representada pela impossibilidade de atingir o conhecimento do fundamento, ou, noutros termos, pela impossibilidade de ultrapassar a distância "infinitamente infinita" entre a ordem do espírito e a ordem da caridade. Em suma, dada a impossibilidade de um conhecimento da essência das substâncias, Pascal reformula a tarefa da razão numa apreensão infinita em sua ordem das relações existentes entre os fenômenos.

A *regionalização do real* representa outro elemento da modernidade de Pascal. Diferentemente de Descartes, ele não pensa que a substância, material ou espiritual, possa ser encarada segundo os mesmos princípios metodológicos, segundo uma *mathesis* universal: de uma parte, há relações a conhecer e, de outra, há diferentes intenções segundo as quais se deve analisá-las. Por exemplo, a natureza pode ser captada como conjunto de fenômenos cujas leis é preciso conhecer, porque se busca a "razão dos efeitos", ou então pode ser analisada como um conjunto de signos a serem interpretados.

A hermenêutica representa também a última indicação metodológica de Pascal. Ela é capaz não só de dar conta de fenômenos da ordem do espírito e de sua distância infinita da ordem da caridade, mas também da relação positiva entre uma e outra. Noutros termos, a interpretação que trata as coisas como *res* e *signa* explica o afastamento entre as duas ordens a que remetem as *res* e os *signa*. Mas, positivamente, ela permite, pelos diferentes domínios que se podem submeter à interpretação, continuar a aquisição de conhecimentos finitos em sua ordem.

Sua primeira tarefa é descobrir nos fenômenos singulares o seu caráter de *milagre*, isto é, a sua aparente contradição em relação às leis da natureza. Assim, os milagres não são senão fenômenos: devidamente interpretados, remetem explicitamente a uma alteridade, como tal, impossível de captar. Mas para poder descobrir, por baixo dos "fenômenos", o seu caráter de milagre, é preciso ocupar um ponto de vista específico que não pode ser conquistado senão sob certas condições, colocando-o fora do alcance dos homens.

Caso se ficasse aí, a hermenêutica colocaria as mesmas dificuldades que a dialética, isto é, sua prática estaria ligada à satisfação de condições inacessíveis ao homem. Ora, Pascal utiliza claramente a hermenêutica na leitura da política e da sociedade, domínios nos quais ela não exige que se ocupe uma posição afastada. É verdade que, no maço "Razão dos efeitos", Pascal indica a existência do ponto de vista dos cristãos perfeitos, que é superior ao dos hábeis, mas é também verdade que o ponto de vista dos hábeis permite julgar claramente assuntos humanos. É-lhes interdito apenas elevar-se à compreensão das *mesmas* coisas do ponto de vista da caridade, uma elevação que não muda em nada a verdade de seu julgamento, modificando simplesmente as *razões* que o motivam. Assim, esse alargamento permite fazer da hermenêutica um método totalmente homogêneo às faculdades humanas.

Mesmo a utilização de uma metáfora, ou melhor, de uma parábola para descrever a condição dos governantes nos *Três discursos sobre a condição dos grandes* é significativa. Assim, Pascal assinala que a sociedade não é senão um gigantesco hieróglifo a ser decifrado. Mas o que a interpretação deve descobrir? Seu objetivo é interior à utilização da parábola política, como L. Marin parece pensar em *Le Portrait du roi*: a interpretação é possível porque o fundamento está perdido para sempre. Tudo pode ser objeto de interpretação porque, de uma parte, não há um sentido último a se reencontrar e porque, de outra parte, a impotência da razão juntada à força da imaginação torna impossível a determinação do verdadeiro e do falso na moral e na política. Uma vez mais somos reconduzidos a uma proliferação infinita do conhecimento na ordem do espírito, que será obstada por uma decisão que se baseia em considerações interiores a essa mesma ordem. Entretanto, se na ciência o conhecimento é de direito infinito, pois a natureza não se descobre jamais inteiramente, revelando o tempo de idade em idade os seus segredos segundo os níveis dos conhecimentos, a interpretação política, de direito igualmente infinita, torna necessária, para a reprodução de sua ordem, uma decisão que corte num sentido ou em outro segundo os princípios, como a necessidade de uma ordem e de uma estabilidade política, que são puramente intra-mundanas.

Em resumo, para além da razão, o cristão perfeito pode conquistar uma dimensão, a da caridade, que fundamenta os conhecimentos humanos, conquista necessária para se adquirir um verdadeiro saber na moral. No que concerne às ciências exatas, da restrição do conhecimento à ordem do espírito decorre simplesmente uma progressão, de direito infinita, que não autoriza de modo algum que se possa compará-la com uma *verdadeira* ciência que permanece além do alcance do homem.

Ao longo do caminho que traçamos na obra de Pascal, esperamos ter colocado em evidência alguns maciços salientes:

– sua antropologia, longe de ser condenada ao desuso ou relegada ao desespero, por falta de ancoragem numa compreensão bem literal do pecado original, desemboca numa definição da razão como *potência aquisitiva por aproximação infinita* aceita pelas teorias científicas contemporâneas;

– sua virtuosidade metodológica, ainda que comandada pela convicção de que o mundo é criado e sustentado por Deus, nem por isso deixa de desembocar numa epistemologia rigorosa, sabendo conduzir as condições, sempre válidas, de uma experiência científica (por exemplo, sobre o vácuo) e acolher o acaso para fazer dele um objeto de cálculo (início do cálculo das probabilidades);

– sua política, enfim, que tem fundamento nos múltiplos pertencimentos do *sujeito crente*, a despeito dos impasses a que a conduzem as contradições entre vida civil e vida religiosa, que ela não pode resolver, e nos torna sensíveis à natureza conflituosa de toda formação social e ao perigo que existe em buscar a virtude no Estado, ou simplesmente em lha emprestar.

Para terminar, parece-nos que Pascal, o atormentado, está mais próximo de nós por sua ciência do que por suas perturbações. E isso é bastante inesperado.

Bibliografia

1. Obras de Pascal

Obras completas

Opuscules et Pensées. Org. L. Brunschvicg. Paris: Hachette, 1897, várias reedições.

Œuvres complètes. Org. J. Chevalier. Paris: Gallimard, 1954. (Bibliothèque de la Pléiade)

Œuvres complètes. Org. L. Lafuma. Paris: Seuil, 1963. (L'Intégral)

Œuvres complètes. Texto estab., apres. e anot. por J. Mesnard. Paris: Desclée de Brouwer, 1964.

Pensées. Org. Ph. Sellier. Paris: Garnier, 1976. (Les Classiques)

Pensées. Org. de M. Le Guern. Paris: Gallimard, 1977. (Folio)

Discours sur la religion et sur quelques autres sujets. Org. E. Martineau. Paris: Colin et Fayard, 1992.

Entretien avec M. de Sacy. Apres. P. Mengotti e J. Mesnard. Paris: Desclée de Brouwer, 1994.

Les Provinciales. Org. de M. Le Guern. Paris: Gallimard, 1987. (Folio)

Les Provinciales. Org. L. Cognet e G. Ferreyrolles. Paris: Garnier, 1992. (Les Classiques)

Concordância
DAVIDSON, H. M. e DUBÉ, P. H. *A Concordance to Pascal's Pensées*. Ithaca: Cornell University Press, 1975.

2. Obras dedicadas a Pascal

BOUCHILLOUX, H. *Apologétique et raison dans les Pensées de Pascal*. Paris: Klincksieck, 1995.
BRAS, G. e CLÉRO, J.-P. *Pascal*: figures de l'imagination. Paris: PUF, 1994.
CARRAUD, V. *Pascal et la philosophie*. Paris: PUF, 1992.
CHEVALLEY, C. *Pascal*: contingence et probabilités. Paris: PUF, 1995.
COURCELLES, P. *L'Entretien de Pascal et Sacy*: ses sources et ses énigmes. Paris: Vrin, 1960.
DARRIULAT, J. *L'Arithmétique de la grâce*: Pascal et les carrés magiques. Paris: Les Belles Lettres, 1994.
DESCOTES, D. *L'Argumentation chez Pascal*. Paris: PUF, 1993.
EYMARD D'ANGERS, J. *Pascal et ses précurseurs*. Paris: Nouvelles Éditions Latines, 1954.
FERREYROLLES, G. *Pascal et la raison du politique*. Paris: PUF, 1985.
———. *Les reines du monde*: L'imagination et la coutume chez Pascal. Paris: Champion, 1995.
FORCE, P. *Le Problème herméneutique chez Pascal*. Paris: Vrin, 1989.
GOLDMANN, L. *Le Dieu caché*. Paris: Gallimard, 1959.
GOUHIER, H. *Blaise Pascal*: Commentaires. Paris: Vrin, 1984.
———. *Blaise Pascal*: conversion et apologétique. Paris: Vrin, 1986. [Ed. bras.: *Blaise Pascal*: conversão e apologética. São Paulo: Paulus/Discurso, 2007].
GUÉNANCIA, P. *Du vide à Dieu*: Essai sur la physique de Pascal. Paris: Maspero, 1976.

HARRINGTON, Th. M. *Vérité et méthode dans les* Pensées *de Pascal*. Paris: Vrin, 1972.
——. *Pascal philosophe*. Paris: Sedes, 1982.
LAPORTE, J. *Le Cœur et la raison selon Pascal*. Paris: Elzévir, 1950.
LAZZERI, Ch. *Force et justice dans la politique de Pascal*. Paris: PUF, 1995.
LE GUERN, M. *Pascal et Descartes*. Paris: Nizet, 1971.
LØNNING, P. *Cet effrayant pari*: Une "pensée" pascalienne et ses critiques. Paris: Vrin, 1980.
McKENNA, A. *Entre Descartes et Gassendi*: La première édition des *Pensées* de Pascal. Paris-Universitas, Oxford-Voltaire Foundation, 1993.
MAGNARD, P. *La Clé du chiffre*. Paris: Ed. Universitaires, 1980.
MARIN, L. *La Critique du discours*: études sur la *Logique de Port-Royal* et les *Pensées* de Pascal. Paris: Minuit, 1975.
——. *Le Portrait du roi*. Paris: Minuit, 1981.
——. *Pascal et Port-Royal*. Paris: PUF, 1997.
MAZAURIC, S. *Gassendi, Pascal et la querelle du vide*. Paris: PUF, 1998.
MESNARD, J. *Les* Pensées *de Pascal*. Paris: Sedes, 1993.
Méthodes chez Pascal. Actes du Colloque tenu à Clermont-Ferrand, 10-13 jun. 1976. Paris: PUF, 1979.
MOROT-SIR, E. *La Métaphysique de Pascal*. Paris: PUF, 1973.
SELLIER, Ph. *Pascal et saint Augustin*. Paris: Armand Colin, 1970. Nova ed.: Paris: Albin Michel, 1995.
——. *Thématiques des* Pensées. Dir. L. M. Heller e I. M. Richmond. Paris: Vrin, 1988.
SERRES, M. *Le Système de Leibniz et ses modèles mathématiques*. Paris: PUF, 1968.
THIROUIN, L. *Le Hasard et les règles*: *Le modèle du jeu dans la pensée de Pascal*. Paris: Vrin, 1991.

ZARKA, Y. Ch. *Philosophie et politique à l'âge classique*. Paris: PUF, 1998.

3. Números especiais de revistas dedicados a Pascal

Chroniques de Port-Royal, "Pascal", 1963.
XVII Siècle, "Pascal", 1992.
Revue Internationale de Philosophie, "Pascal philosophe", nº 1, março de 1997.
Revue de Métaphysique et de Morale, "Les 'trois ordres' de Pascal", nº 1, março de 1997.
Courrier du "Centre International Blaise Pascal", 20 números publicados.

ESTE LIVRO FOI COMPOSTO EM SABON
CORPO 10,7 POR 13,5 E IMPRESSO SOBRE
PAPEL OFF-SET 90 g/m² NAS OFICINAS DA
BARTIRA GRÁFICA, SÃO BERNARDO DO
CAMPO - SP, EM JANEIRO DE 2008